清晰論法

# 公司法基礎理論
# 股東會篇 |增訂第二版|

黃清溪 |著

五南圖書出版公司 印行

# 修訂版序

　　公司法是公司企業的基本法，公司法本身要跟隨社會、經濟以及國際的環境變化，亦步亦趨地修正更新，也就是與時俱進的公司法，才能應對社會的需求。

　　近來科技日新月異的創新，經濟已形成全球化，導致經濟社會環境的迅速且巨大的變化；而我國公司法卻未能跟上步伐適時進化，處處已呈現陳舊老化、不合時宜的跡象，迫使2018年公司法的大幅度修法，是時代趨勢所必然的結果。

　　法律是一門「說服的學問」，在法理上要有說服力，才能獲得各界臣服接受，其中理論的健全性以及結論的妥當性，則是最基本的二個要件。

　　理論的健全性是指達成結論的理論過程，需要精確分析、多角度思考，以及正確的思維邏輯，都必須做到面面俱全。至於結論的妥當性，則是與一般社會價值觀一樣，要能讓每個人都接受的妥當結論，它就必須明示為什麼非得採取這個結論（即必要性理由），以及為什麼可以採取這個結論（亦即容許性理由）。

　　理論的健全性與結論的妥當性之確保，是本書執筆者一貫堅持的態度。對本次的公司法大修改，筆者本著同樣的觀念，對於修正或增訂的條文，逐一加以檢討與評論。顯然可以發現，本次修法中，確實值得肯認的居多，但其中屬輕率修改

（理論健全性欠缺）有之，不必要或不妥切的修改（結論妥當性不足）也不少；簡言之，本次修法似乎存在「有改就好」的心態，所以並非改得全部都對，無法獲得全戰全勝的圓滿結果。

　　這次修法中，有關股東會制度大大小小的修改有十幾處之多，本書名為「股東會篇」，這些當然是本書所繫屬事項，對於相關修改的內容，必須再追加解說與論述，並將疑問點或未來課題也儘量扼要闡明，是筆者職責所在，故因而發行本書之修訂版。另因受限於本書是一般論述書籍性質，非論文之著作，無法將每處深入論究的全部過程呈現出來，而留下意有未盡遺憾之感。

　　這次修訂版能順利推出問世，稿件的整理、校對，以及出版社之交涉折衝，全程端賴社團法人清溪公司法研究會的所有成員辛勤效力，特別是黃鋒榮同學的投入，在此均深表謝忱。

# 序

　　「股東會是觀眾寥寥無幾的劇場」，是向來對股東會評價的常見用語，股東會場面冷淡，台上的人比台下的人多的奇異現象，社會上也已司空見慣。但不管股東會實際上如何形式化、不顯眼，不被重視，在法律上的地位，股東會始終位居公司最高意思決定機關，則未曾改變。有關股份有限公司之基本、重要事項，均須經由股東會的決議始可成立。又決議成立之程序或內容如有缺陷瑕疵，往往成為決議撤銷或無效的事由。

　　股份有限公司股東會是法制的一種，股東會的召集，議事運作等，非社會一般常識者所能應付，必須具有特別法律知識訓練始能勝任。因此，公司經營者以及股東會事務負責人，對於股東會召開、議事運作等處理事項，謹慎應對，是必然之事。

　　倡議已久的股份有限公司民主化，以及時下流行的公司治理，有賴於股東權的正常行使與發揮，才能實現。而股東權行使最重要的舞台是股東會，因此股東會能否健全運作，正常發揮其功能，成為股份有限公司步上現代化、完善化之重要關鍵。有鑑於此，自上世紀末以降，先進各國即已積極致力於股東會制度的修正、強化，至今呈現股東會正常面貌，恢復了公司最高意思決定機關的機能。不止於此，更進而開啟另一前瞻性的機制，即強化股東的話語權，提升股東會成為「公司與股東間的對話平台」。

反觀我國股東會依然被社會極端輕視，以形式上召開，敷衍了事，有名無實之股東會，依然故我；國家法治也無所作為，導致公司法制運作失靈，企業效率提升乏力，我公司法制遲遲無法跟上時代步入進步性、現代化的境界。原因雖多，其中法制不普及、基本法理未究明是重要原因之一。

　　本書先以法制知識之普及為目標，鎖定實務界為對象，進行股東會制度之法律解說，對股東會機關地位、權限，以及會議召集、議事運作等逐一分析、剖明，並慮及法律知識全面攝取之必要，對於股東會召集通知書、議案、會議紀錄作成等事務性問題，亦儘量論及。

　　與前著董事篇同，本書作為股東會基本理論專題書籍，除對制度之基礎構造、概念加以體系性的解說之外，相關法理的釐清、學說的解析，亦未曾怠忽，更力求高度詳盡且先進。忝認本書實質上已跨越實務性解說書之範疇與水準，倘能供為大學學習之伴讀、研究之參考，將是望外之喜，分外之福。

　　惟法學理論浩瀚無涯，仰天之高，俯地之厚，竊知不懂裝懂，偏誤叢生，隨處可拾然空言批評，未若而行，為提升我國公司法制，略盡棉薄，藉以拋磚引玉，尚祈先進、同道，不吝批評指正。

黃清溪

# CONTENTS

**第一章　股東會導論 I —— 公司機關**　　1

第一節　何謂公司機關 ………………………………………… 3
第二節　公司機關的本質 ……………………………………… 3
第三節　公司機關之構成 ……………………………………… 4
第四節　公司機關之分別 ……………………………………… 8
第五節　機關現狀與法的課題 ………………………………… 9

**第二章　股東會導論 II —— 股東地位**　　11

第一節　股東與公司間的關係 ………………………………… 13
第二節　股東權 ………………………………………………… 14
第三節　股東權行使現狀 ……………………………………… 17
第四節　股東權強化方針 ……………………………………… 19

**第三章　股東會**　　27

第一節　股東會的性質 ………………………………………… 29
第二節　股東會的意義 ………………………………………… 35
第三節　股東會的權限 ………………………………………… 37

**第四章　股東會之召集**　　39

第一節　總說 …………………………………………………… 41
第二節　召集的意義 …………………………………………… 41
第三節　股東會召集方式與召集權人 ………………………… 42
第四節　董事會召集之股東會 ………………………………… 43
第五節　少數股東之股東會召集 ……………………………… 45
第六節　過半數股東召集之股東會 …………………………… 51

第七節　股東會召集決定事項 ……………………………………………… 55

第八節　股東會召集通知與公告 …………………………………………… 57

第九節　股東會召集手續的省略 …………………………………………… 63

## 第五章　股東提案權　　65

第一節　總說 ………………………………………………………………… 67

第二節　股東提案權之內涵 ………………………………………………… 69

第三節　議題提案權 ………………………………………………………… 70

第四節　議案概要通知請求權 ……………………………………………… 71

第五節　議案提案權 ………………………………………………………… 72

## 第六章　表決權與行使　　77

第一節　一股一表決權的原則 ……………………………………………… 79

第二節　一股一表決權原則之例外 ………………………………………… 82

第三節　表決權行使 ………………………………………………………… 84

第四節　書面表決權行使制度 ……………………………………………… 100

第五節　電子方式表決權行使（電子投票）制度 ………………………… 109

## 第七章　股東會的議事　　115

第一節　總說 ………………………………………………………………… 117

第二節　會議主席 …………………………………………………………… 118

第三節　檢查人選任與調查報告 …………………………………………… 121

第四節　董事會之說明義務 ………………………………………………… 125

第五節　延期、續行會 ……………………………………………………… 133

第六節　宣布散會（股東會終了） ………………………………………… 136

# CONTENTS

**第八章　股東會的決議**　139

第一節　總說 ………………………………………… 141

第二節　普通決議 …………………………………… 142

第三節　特別決議 …………………………………… 146

第四節　假決議 ……………………………………… 149

**第九章　股東會議事錄**　151

第一節　議事錄作成之必要性與效果 ……………… 153

第二節　議事錄的作成 ……………………………… 153

第三節　議事錄記載內容 …………………………… 155

第四節　議事錄之分發與備置保存 ………………… 157

**第十章　股東會決議之瑕疵**　161

第一節　總說 ………………………………………… 163

第二節　決議不存在 ………………………………… 164

第三節　決議無效 …………………………………… 168

第四節　決議之撤銷 ………………………………… 172

**附錄**

附錄一　公開發行公司出席股東會使用委託書規則 … 185

附錄二　「○○股份有限公司股東會議事規則」參考範例 … 218

附錄三　臺灣集中保管結算所股份有限公司電子投票平台作業要點 … 227

附錄四　電子投票相關法令 ………………………… 233

第一章

# 股東會導論 I
## ——公司機關

## 第一節　何謂公司機關

公司是社團法人，經濟上、法律上都是獨立的企業主體，公司是由多數的出資者股東所構成；在法律上，說公司是獨立企業活動之「人」，但是公司實質上是社團人的集合體，有異於生命體的自然人，公司本身不具有意思決定的頭腦，決定的意思對外表示之口嘴，或決定意思執行實現之手腳等器官，均全不具有。最終只好藉由有頭腦、口嘴、手腳之人（自然人）為意思決定、意思表示與意思實行，其意思決定視為公司之意思決定，其意思表示與意思實行亦同樣運作。

只是那位可代行之人，是任何人均可時，亦不合適，假如公司裡的任何人均可的話，任何人均得為意思表示，其意思表示之內容相互齟齬時，以何者為準無法確定，困難叢生。因此以何人之意思表示作為公司之意思表示，必得事先指定為宜；惟固定某一特定人也行不通，所以指定公司地位之方法應運而生。這個地位即是公司機關，就任此地位之自然人，在其授權範圍內為公司所為之行為，視為公司本身之行為。

## 第二節　公司機關的本質

公司機關的本質如何理解，是概念領域的問題。例如，以德國立足於概念論哲學而形成的團體主義法理的說法，正如口、眼睛、耳朵、手腳等器官構成一個人體似的，一個個自然人集合構成國家、社會、公司等團體的器官，形成團體具有器官的機能。如此想法，團體才是真正主體，一個個的自然人不是主體，是團體的一部分，就像用

口的器官說話，就是人的說話一樣，以「機關」（機關是器官用語變換而產生的用語）自然的意思成爲團體的意思的作用。

　　但是，依法國以經驗論哲學而形成的個人主義法理，以及英國的實用主義（pragmatism）法理的想法，則完全不同。他們認爲公司的實體是由多數個人的契約關係而已，公司本身的主體是一種社會技術的創造物，法技術的虛構物。依此想法，公司實體的意思是不存在的，只不過是將居於「機關」地位的自然人的意思，視爲公司的意思機制而已。

　　這樣對立的見解，哪個立場說法才是正確呢？由於立基的哲學觀是因個人的思想背景而異，無法輕易斷定。但是，近年來受英、美、法等國的影響，法人論傾向個人主義的法理，成爲時代的趨勢。本文也認爲以社團、法人是法技術的虛構物之見解較爲妥適。例如，公司由代表機關所爲之法律行爲，本質上是將他人所爲之意思表示之效果歸屬於公司，也就是代理行爲之一種而已。當然，個人的法律行爲，由自己本身爲意思表示或由代理人爲意思表示均可。但是，公司等社團法人的法律行爲，僅能由代表機關之意思表示爲之。並且委由代表機關爲意思表示之本人，僅能是社團法人，自然人不可爲之。因此，民法的代理制度無法直接適用，會受社團法的適當修正，而僅得類推適用民法代理制度。

## 第三節　公司機關之構成

　　各種社團法人之機關如何設置，是政治性的選擇結果，再提交立法政策做決定。最簡單明瞭的設計方法，是一個社團法人設置一個機

關，社團的行為一切委由這個機關行使，如此所有權限集中於單一機關，是再也沒有更簡明的組織，但是缺點就是很容易發生權限的恣意行使，結果對社員以及利害關係人的利益，形成不當的危害。權力集中的危險性，吾人已從長久的歷史教訓中，獲得警戒的智慧。

公司組織上機關之建構設計如何為是，並非理論所能歸結導出，而是依據公司法性質與社會實際需求，經由立法政策所決定。因此，公司機關之設置，不是所有公司都統一的，因公司種類（無限公司、兩合公司、有限公司與股份有限公司）之別而有所不同；並且因國家時代之別也各有不同之變化。為方便起見，以下之說明，僅以股份有限公司為主，其他種類之公司則暫略不談。

現今世界各國對於公司機關建構的類型，大略可分為三種，一是德國為首之大陸法系類型，股份有限公司設置有股東會、董事及監事等三種基本機關，由出資者股東所構成股東會，為最高機關，股東會選任監事，監事再選任董事長，構成由股東會到董事，縱列式的一元制。另一是英國、美國法系類型，同樣由股東構成股東會為最高機關，股東會選任董事，董事構成董事會，董事會設置各種委員會，也是縱列式的一元制之機關組織。其三是法國、日本法類型，同樣以股東會為最高機關，由股東會選任之董事與監事同等並列，是橫列式的二元制。

我國公司法是仿傚日本法之立法，機關之設置亦採用日式之橫列二元制，基本為股東會、董事會與監察人三種機關構成。因我國採日本制度，故以下就日本法類型稍加說明：

日本股份有限公司機關設計最大特徵是導入現代政治學之原

理，即三權分立之構造。股份有限公司之機關權限，基本上分屬於相當於立法機關之股東會，相當於行政機關之董事會，以及相當於司法機關之監事等三個機關。之後日本法歷經數次修改，機關構造以及權限分配屢有變遷，但是此三權分立之體制是絲毫未動。在此要特別留意，近代政治原理三權分立體制之出現，係源自於對權力集中禍害之慘痛經驗中，所孕育出來的智慧結晶，著重於機關相互間之制約與均衡，以防止權力過度集中而由單一機關獨攬。公司制度並未有這種歷史經驗，對機關組織之思想理念，當然不同。

　　股份有限公司機關構造之起因，應是為實現「所有與經營之分離」之近代經濟學原理而進行權限分配之結果。按具體法之關係來說，近代國家之組織立法、司法與行政三權是個別由國民權力所信託之機關，然而股份有限公司之股東會、董事會與監事三機關，並非三權鼎立，董事會與監事是股東會之下屬機關，由股東會選任而受委託之機關。換言之，股份有限公司機關相互間是「所有人」與「經營人」之本質性關係；原理上，股東會與其他機關之關係，股東會是其他機關產生與存在之依據，其間並不存在制約與均衡之問題，此乃股東會之所為最高意思決定機關所使然，也是最高機關設計原理與意義之所在。

　　依「所有之所在即是支配之所在」之理念，股東是公司之實質所有人，即公司為全體股東所實質共有，對公司擁有絕對支配權，能自負經營最自然；然而現實上，公司出資者股東，有意出資並無意經營，且實際上股東也未必具有經營能力，自然的替代全體股東從事經營之機關，不可或缺，這時就是董事或董事會，以及董事長必須粉墨登場。

　　股東將經營權拋出而委任董事執行，董事是否忠實適任，經營是否健全有效，身為最終責任承受者之股東，對董事之經營行為必然耿耿於懷，監督監視顯然為必備手段。根據股東權本質，如開放各個股東自由行使，人多事雜，意見紛亂無序，其結果必定是敗事有餘而成事不足，所以保留少許股東單獨行使權（如股東代表訴訟提起權、違法行為制止權，以及書類表冊閱覽權等監督糾正權）以外，將其餘均委由股東會總體監督，但又受到股東會本質之限制（非常時活動之會議體制），可以監督的手段有限（如決算之承認、董事之選任與解任權之行使），經常性、全面性監督機制之機關——監察人應需要而誕生。

　　第二次大戰後，伴隨著美國勢力的擴張，各國前前後後紛紛導入美國公司法制度。另一方面，企業經營的技術革新所造成的極度專業化，將股東會的權限限定於法令以及章程所定之事項，也是必然所應採取的對應策施。另一方面，對權限擴大的業務執行機關也做了適當的處置，將業務執行機關二分化，三人以上董事構成董事會為業務執行決定機關是其一，董事長等代表權行使機關獨立分化為代表機關是其二。設置董事會之目的，一方面擴大業務執行機關之權限，另一方面對於其權限的行使，也必須有慎重嚴謹之要求，只能經由董事開會合議方法才可以對公司之業務執行做決定。因此，這個開會決定的會議體，本身成為機關。換言之，各個董事都已經不是機關，而是由這些非機關的董事集合開會（這樣的會議在董事會導入之前是存在著）——董事會之合議體是唯一的業務執行決定機關。又董事會之本質是合議體，只能開會決定業務執行，而業務執行之代表，則因本質上的限制，董事會本身無法為之，必須另外設置代表機關來行使，因此董事長之代表機關因應而生。

## 第四節　公司機關之分別

股東會係對公司組織以及重要業務事項之意思決定機關，董事會則是公司業務執行機關，董事長是公司之代表機關，監察人是公司監察機關，股份有限公司之基本構造因而形成，公司機關如此區別分化，在以人合為主之其他類型公司（無限公司、兩合公司與有限公司），並不存在。

除此之外，公司法所規定之臨時監察機關「檢查人」，公司解散之機關「清算人」，公司重整時之「重整人或重整監督人」，也都是公司機關，並且是法定機關，應不容置疑；只是這類機關是在特別情況下所設立之臨時機關，與前述四種常設機關有別。另外，公司可依章程規定所容許設定任意機關，常見者如顧問、總裁或會長等即是，不過，前述法定機關之專屬權權限，是不容許隨意委讓給任意機關。

附帶說明，機關構成員與公司間法律關係，並非一律相同。就任公司機關地位者即成為機關之構成員，股東會之股東、董事會之董事、董事長之董事，機關與構成員皆能一目瞭然。但是，監察人、檢查人或重整人等，既是機關名稱又是構成員名稱，一名兩用，會有混淆不清之嫌。公司委任其就任機關之地位，即成為機關之構成員，行使機關所分配之專屬權權限與義務，就多數機關皆然，唯一例外的是股東會之股東，股東因出資取得社員地位，與公司間是社員關係，有別於其他所有機關之委任關係。一般而言，基於委任關係之機關，其權限之行使僅限於為公司目的而為，對股東而言，就會有點差別，在不危害公司或其股東利益等濫用行為之情況外，股東權之行使不受任何目的限制。

## 第五節　機關現狀與法的課題

公司法立法之初，規範對象之一的股份有限公司，其規模不很大，股東人數也非大量，大多數股東對於公司經營抱有慾望與關心。初期階段，出資者股東是公司企業的實質所有人，對其所有之公司控制與支配意識尤強，股東會為公司最高意思決定機關以及萬能機關，猶能順利運作。

二十世紀以來，世界經濟突飛猛進的發展，促使公司大規模化，股東人數大量化，其中占多數之股東，投資的目的設定在獲取股價變動利益，成為單純以投資目的之無機能性的資本家。又隨著公司大規模化，公司經營的高度專門化，迫使一般大眾股東對於公司經營產生無能力感與無慾望感；且股份所有之分散化，亦造成多數股東的小股東化，在股東會上發言之影響無力化，如此一來，自然而然形成一般股東對經營漠不關心，對公司產生疏遠感。當初所確立之股東會中心主義之建構，遭受嚴重衝擊而動搖，取而代之者即為「經營者支配」的畸形現象。

另一方面，社會經濟發展與資本市場發達的結果，創造出大量的企業擠進股份有限公司領域，其中大多數屬於中小企業，規模小而組織能力有限。股份有限公司制度係為適合大規模企業而設計，大量之經濟活動與眾多的利害關係人，為維持活動之井然有序，利益調整之細緻周全，制度規範自然繁多，且為急迫而嚴謹的強制性要求。中小企業在本質上，其遵循法律與適應法律之能力低弱，難以應付如此複雜的制度規範，造成置之不理的心態，呈現出全體脫法、違法之泛濫現象。

　　依據上述之分析，現狀之股份有限公司制度下，因適用對象廣泛眾多，巨細兼有，顯現出M型兩極化，大型公開性公司與中小零星閉鎖性公司各有其所屬問題。現行一部公司法下，上市公開型之大規模公司，股東是將業務執行及監視均委由專門性之第三人執行，利用對業務執行者與監視者之選任、解任權限（股東會之權限），進行對兩者之控制，乃是現行之制度。但是，如上述現實，業務執行者（經營者）完全脫離股東之控制，反而將公司置於「經營者支配」下，為所欲為。尤其是股東會出席委託書收購之盛行，無疑已架空股東會之控制機制，如此以往，股東對業務執行者（經營者）之有效監視方法何處可求，是大規模公司必須面對之急迫嚴峻之問題。觀之各國立法趨勢，在未有根本解決方策之前，均以加強監察制度補救之。

　　對於小規模閉鎖型公司而言，屬於中小企業之經營者或白手起家之創業者，大部分是傾家之財產，孤注一擲式的投資，因此經營參加與經營支配是不容退讓的條件。因此，閉鎖型之中、小規模公司，為確保各股東能參與經營為優先事項；首先，在法的制度上，少數股東選任董事之保障，成為攸關機關組織之迫切問題。多數派股東全權掌握業務經營、董事之報酬與公司交易方法等，致使公司利益外流，少數股東之利益亦不保。為減輕中小型公司成本負擔，股東會等之意思決定手續簡化，以及章程自治之擴大，容許在某種程度自由的機關設計等立法、修法，似乎應認真檢討，以茲活化中小型公司。2015年7月公司法修正創設閉鎖型公司制度，閉鎖公司可免除適用公司法上諸多規定，可謂實現上述旨趣所作之規定。

第二章

# 股東會導論Ⅱ
## ——股東地位

## 第一節　股東與公司間的關係

　　股東會是公司機關之一，股東是股東會機關之構成員，機關構成員之自然人在其權限範圍內所為之行為直接是機關行為，機關行為就是公司行為，這是所有機關之共同點，但是機關構成員與公司的實質關係並非一致。董監事經由選任而就任機關地位，與公司間實質關係是委任關係，受委任契約的約束，只能為公司目的行使權限。

　　股東以省略方法，購入股東權證券化之股份，成為股東，取得股東權。購入股份有雙重法律效果，一是對公司之出資行為，一是對公司社團法人之入社行為，前者成為出資所有人身分，取得收益性的權利，即是股東私益權。後者成為組織構成員，取得組織營運參與權，即為股東共益權。股東權之內涵向來就分有私益權、共益權之論，其緣由源於此。

　　投資目的而取得的私益權，為自身的目的而行使，無可否認地乃天經地義之事。公益權是公司機關構成員之本質權限，與董監事權限相同，只能為公司目的行使，因此以私人利益之目的行使共益權，是構成權利之濫用。

　　共益權是股東參與公司經營的權限，共益權之核心權限，無疑的是股東會上行使之表決權。由股東會構成之股東會是合議制的機關，股東會為意思決定，必須以決議方式為之。股東由召集而集合開會，對議案作決議，形成公司的意思決定，由此可知股東是公司實質意思決定者之一。

　　股東會是制定、修改公司章程、選解任董監事，以及決定有關公

司重大事項權限之機關，因此被視為公司所有機關之中，居於最高位者，是公司的最高機關。

　　股份有限公司制度誕生之初，是依照社團自治原則，以股東會股東多數決（資本多數決）方式運作，關於公司管理經營的任何大大小小事項，均由股東會決議作決定，股東會是萬能機關。但是，隨著股份有限公司規模日益擴大，導致公司之所有權與經營權分離現象，逐漸地公司經營權移轉到董事、董事會，迫使股東會退出萬能機關地位，但是依然安居於最高機關之地位仍屹立不動。這種現象出現，也可以說是對股東經營參與權的壓縮。其實在現實社會之中，股東雖是出資人，但是對於參與經營之意願普遍低落；同時，一般大眾投資人亦無勝任專業性的經營能力。基於現實社會之考量，所有權與經營權之分離，這反而是合理的走向，也是股份有限公司歷史發展的必然結果。

## 第二節　股東權

　　股份有限公司股東的法律地位稱之為股東權，股東權不是一個具體單位的權利，複數種權利集合體之總稱。其權利種類即股東權內容為：股東名簿名義變更請求權、股票發行請求權、股東會表決權、股東會決議撤銷權、公司表冊帳簿查閱或抄錄權、股東會提案權、股息盈餘分配請求權及剩餘財產分配請求權等等，這些權利是否全部證券化於股份股票上之本質問題，暫且擱一邊不談，一直以來這些權利大致被分類成「自益權」與「共益權」二大類。

　　「自益權」與「共益權」的分類，通說向來以權利目的之利益

性質為分類基準，股東從公司獲取經濟利益目的之權利是自益權，反之，股東參與公司管理運營為目的之權利是共益權，前者是各個股東與其他股東是對立關係之下，個人利益為目的之權利，後者則是全體股東的共同利益為目的之權利，兩者之利益性質截然有別。對以上通說的見解，作者提出如下強有力的指摘與批評。

置身於典型的利益社會的股份有限公司，股東別無他顧，只為自身的利益而出資，股東權的目的是為其個人利益而享有，因此權利目的以利益為基準之判斷，股東權全部權利之本質應屬於自益權。

自益權與共益權區別不在於利益性質的不同，機能不同才是正確的區別方法。詳言之，股東是股份有限公司共同企業的所有人，所有人的權能本就存在收益權能以及支配權能兩種，自益權相當於收益權能，而共益權利相當於支配權能，權利行使的效果直接歸屬於股東是自益權，反之，權利行使的效果直接歸屬於公司是共益權。如此分類結果，股息分配請求權、股票發行請求權、股東名簿名義變更請求權等是屬於前者，又股東會表決權、股東會提案權、決議撤銷起訴權等則屬於後者。

社員權否認論或股份債權說，強調共益權絕非股東權的本質權利，非股份證券化之權利，也就是說收益權能認定是股東本身的權利，而支配權能絕非股東本身的權利，是為保護利益分配請求等自益權之確實能實現，法效果所特別授予股東的權利。論者更進一步主張，在現狀下，將共益權解釋為股東本質上之固有權，反而會對股東實質利益招來損害，例如說，股東依其固有權之支配權參與股東會決議，經股東決議承認的議案，實行結果股東蒙受不利益或損害時，股東自己意思決定之事，責無旁貸，自我承受，無法追究他人的責任，

造成股東利益嚴重自傷。

　　針對以上種種似是而非之議論，本書詳論指正如下：

　　公司是社團法人具有社團以及法人二種本質性的要素。社團是多數人在一定目的之下結集而成的團體，換言之，社團是以人為要素構成的集合體，構成社團之人稱之社員，社員對社團的關係謂之社員權，一般社團之社員資格取得，原則上是參與社團設立行為或是對既有社團之入社行為而取得，這種行為前者是合同行為，後者是入社契約的行為。社員權之內容因社團之不同而有別，誰是社員，對社團有多少權利、義務，視各個行為之意思表示內容而定。

　　股份有限公司相較與其他社團法人，最大特色是其社員是「股東」，社員權是「股東權」，但是成為股東取得股東權的方法，無法依據上述之入社行為，股份有限公司之股東，只要購入商品化之股份一股或數股，瞬時即成為股東取得股東權，實際上並沒有明顯實行這個入社行為。

　　股東直接向公司承購股份以及讓受其他股東之股份股票，居半是為獲利目的的投資行為，出資購買將來滋生的利益，這是屬於債權行為。購入股份成為股東，也取得了債權性質的獲利權，這部分的權利也包含在股東權內，是股東權的一部分。因此，承購或讓受股份股票之行為應有雙面的法律效果，一是入社行為，成為公司社團社員之股東，一是交易行為，成為公司債權人之股東，前者是取得社團構成員地位之權限，後者是取得對於公司請求分配利益之權利，兩者都成為股東權。

　　股東是股份有限公司社團法人之社員，理論上必定要有入社行為始能成立，由於日以繼夜的短時間內股票買賣轉移，入社之方法在契約內容上必須加以改良應對，將其定型化進而省略入社行為，結果演變成只要取得股東權證券化之股份，就推定入社行為成立，省略了儀式性的入社行為，不必多餘動作，入社一蹴即成，這是現今實際情況。

　　以推定效力取代儀式行為，確實形成不存在入社之行為，但不能因此而否定了實質意義的行為存在，通說一直漠視或忽略了這一層的理論說明，導致社員權取得法理不明確，而遭受社員權否認說痛批，指摘取得股份視為公司社團法人之入社行為，純屬虛構。但是社員權否認說或股份債權說，只強調股份之商品是利益分配請求權之債權證券化，股份之取得僅是債權性質的自益權之取得，否認社員權之本質論，顯然是偏頗狹隘之說。而違反以社團為基本要素而發展之公司原理，結果將引導股份有限公司制度步上毀滅之途。

　　在此同時，可以看出股東權之內容是權限與權利所組成之總稱。社員權是社員地位的表現，是屬於權限之性質，其權限之行使必須僅限於社團之目的，股東權中之共益權就是這種社員權的別稱。對公司出資成為債權人取得收益請求權是財產性質的權利，被稱為自益權，權限性質之共益權以及權利性質之自益權，二者合稱為股東權，如此理解是認識股東權的第一步。

## 第三節　股東權行使現狀

　　如前所述，公司趨向大規模化，發行股數大量增加，股東人數

伴隨著無限膨脹，股東權被稀釋化，個人股東之地位不斷降低，已是微乎其微之地步。又股東中絕多數是以市場股價騰落之價差或是公司發放之盈餘分配，以獲得經濟利益爲投資之主要目的，對公司之支配或經營參加，即股東共益權（支配權）之行使，始終未曾有過慾望。縱有此參加公司經營之觀念，現況下也殊難實現，蓋一般上市或上櫃公司之個人股東，其持股總數一直維持在20%以下，個人股東再怎麼奮發圖強，也敵不過法人股東持股絕對多數之強勢，想發揮影響或支配公司營運，確實無能爲力。再者，對現代企業經營需要高度專業能力，一般股東自知無法勝任，無奈知難而退，放棄參與。

股東會是公司的最高意思決定機關，是無可置疑的重要機能機關。但是由於股東對於自己地位之忽視或棄守股東權之行使，致使公司股東會制度之形式化、形骸化。環視當前的股東會，實際上全部依賴徵收委託書，籌足法定出席股數，勉強召開會議，股東出席寥寥無幾，冷冷清清的會場，非常反常的會議生態，今天竟然變成常態性的正常運作模式。依靠委託書把股東會議開成，委託書又是完全操控在公司當權派掌中，議案之成立與否，任其操縱擺布。股東民意的反應，何處之有，這是眞實的寫照，股東會成爲無機能機關爲時已久。

確實，理論上怎麼強調股東是如何重要和股東會是公司意思決定機關，對現實的股份有限公司，尤其是大型公司，已近乎無稽之談地步。無可否認的，股東會是最高意思決定機關的說法，已虛名無實，股東會變成爲公司制度上花瓶式的裝飾品，因此更有甚者提出股東會不要論。

對如此瀕臨垂死狀態下之股東會，現代公司法如何解決這個急迫問題，可採行的方策有二，一是肯定現實狀況，對病入膏肓的股東

會，見死不救，放棄股東會的自治運作機制，改採用立法手段制定強行法規，以對股東自益權加強保障即可。另一是，正視股東會制度的病根，對症下藥，改正制度問題，整備法令，使股東權正常運作，讓股東會機制發揮正能量，才是現代公司法應達成之積極正面的任務。

基於後者立場的觀念，將於下一章節大略介紹，時下先進國家如何改善制度，強化股東權行使，拯救股東會機能之幾個重要措施與方向。

## 第四節　股東權強化方針

## 一、股東會上董監事說明義務與主席權限的明文化

### (一) 說明義務的明文化

會議體的一般原則，股東在股東會有質問權是當然之事，縱使沒有條文特別規定，也應被肯定的權限。不過，若能加以明文規定，除可化解解釋論上的爭議外，還有強化權利與義務認知的效果。因此為促使公司與股東間溝通交流順暢，保障股東質問權的適當正確行使，從正面立法明文規定股東的質問權，才是正常的作法，但是如此特別明文規定，帶來過分強調質問權之嫌，反而引發企業經營者之警戒與反抗之反效果。考慮這些問題，轉換立法技巧，可從與質問權有一體兩面關係之說明義務作規定。一般立法通常是規定權利（質問權）為原則，而規定義務（說明義務）是例外，這樣的立法方法，有提醒董監事的義務自覺，防止對股東質問權行使不當壓制，同時萬一說明義

務之履行有怠忽時，立即發生決議方法違反法令或章程，構成決議撤銷事由之具體效力。

　　質問權更設計有事前提問制度，股東會開會前一定期間內，股東即可提前行使質問權，提出質問問題，好讓董監事事先可作調查或準備，以回答說明。這個制度除可以擴大質問權行使的機會之外，還有存在著一個重要機制，可以防止董監事以事先未調查而無從作答，作為拒絕回答說明之理由，避免董監事卸責行為之發生。反之，也不能縱容股東質問權被濫用行使，如事前提出大量無的放矢不真實或無意義的質問狀，存心故意騷亂會議，為難公司，這種越軌亂章之事，先例甚多，公司應有防範之準備。

## (二) 主席權限的明文化

　　主席主持股東會會議，按一般會議原則，擁有議場秩序維持權、議事整理權以及退場命令權，這是不辯自明之事，有無明文規定，本來應該是沒有差別。但將其權限法定化，可以強化主席議事運作，也能排除解釋上之爭議，尤其是對退場命令權向來就存在懷疑論，蓋股東是為自己財產運用之目的，出席股東會參加經營是財產支配權具體實現行為，理論上主席是無法否定這個支配權而命令退場，這是此派所持之理由，如能立法規定，即可排除這種理論爭議所帶來不安定性，鞏固權威，主席即能明快處理議事。

　　主席命令退場可以動用公司職員實力執行，若還不退去或妨害業務時，有必要時導入警察權力執行，也包括在其權限範圍內。主席權限明文化，在日本獲得顯著的功效，主席權限法定化，實質上對於權限並無強化之作用，但在處理職業股東於股東會上鬧場問題上，是具

有相當效果的一招對策，日本社會受苦受害數十年的職業股東問題，到此已近尾聲，即將達到消聲滅跡之階段，主席權限法定化雖不能居其全功，但也應是功不可沒。

稍早在1990年度日本東京電力公司之股東常會上，因為反對核子發電廠建設，股東提出超過8千多件質問事項。又同時期，SONY公司之股東也曾有過提出2千多項質問書，要是公司一項一項的個別作答，會議進行幾天幾夜也開不完，一定是不尋常的馬拉松股東會。結果公司想出因應對策，將質問事項內容整理召集，創造出所謂「一括回答」（即包裹式回答）方法，之後日本法院判例也肯定這種做法為合法（日本最高裁判所昭和61年9月25日判決，商事法務1090號第92頁）。

## 二、強化股東會股東權行使並創設股東會之對話交流機能

現代股份有限公司基本上是由股東選任董事，委託董事全權經營公司，經營結果好壞與成敗，公司所有人之股東則全面承受。因此對於董事經營，是否盡忠實以及善管義務去執行業務，有否違反法令或章程，所有人之股東有權加以監視監督，不適者加以解任。

又經營者董事選任之實際情況，通常都是由多數派股東之代表或推薦之候選人當選，多數派股東代表之董事，不顧慮或輕視少數股東權益是極其容易發生的現象。為保護少數股東權益，賦予少數股東監督權是必要且合理，因此公司法特別規定少數股東權，包括監督權等諸多支配權。

　　股東監督、監視權行使是糾正制止，損害賠償請求以及解任等效果，為促使股東監督權不偏不枉的正確行使，必須對公司情況持有足夠的資訊情報資料，對董事的經營策略與措施要充分把握及理解，始能達成。因此股東如何取得足夠的情資，如何去理解經營狀況是重要關鍵問題。

　　股東會是股東監督權行使的平台，也是股東獲得有關公司重要資訊的場所。要求股東在正確判斷下行使表決權，必須有充足的資訊基礎條件。鑑於此，公司法規定公司必須提供最基本資訊之義務，命令董事會應提出各種表冊以及報告，即是也。股東還可以行使質問權，要求董、監事履行說明義務，或選任檢查人調查，更深入瞭解。這些全都為補救股東之資訊弱者所採取之措施規定，因此股東會之情報公開機能，有必要更加重視並加以強化。

　　股東與董監事直接對面的唯一正式場所是股東會，在股東會上兩者聚集一堂，面對面形成對峙與對談的作用，上面所論述的股東權行使與董事義務之履行，是雙方對立之立場如何妥當調整，是屬於兩者對峙層面的問題，法規以及論述向來都集焦於此，但卻一直忽略掉對談的機制。

　　公司所有人股東與受託經營人董事難得會面機會，對公司經營等問題，雙方都開誠布公，暢所欲言的展開對談，必定會收到交流溝通功效，形成共識力量，對公司經營勢必帶來貢獻，將股東會建構成股東與董監事的對話平台，創出交流、溝通的另一道功能，何樂而不為。為促使股東權適當正確行使，除法定基本必要表冊報告被動性的提供之外，公司自動將更多有關公司資訊提出公開，同時也積極地吸收股東的反映意見，如此運作下，公司組織透明化，公司運營民主

化，公司防弊興利之治理等諸問題，也能迎刃而解。

　　歐美國家開放活潑的嘉年華式股東會，無須多加介紹。陳腐積弊已深，被視為瀕死狀態的日本股東會，日本正在用心努力改革，誓死也要讓股東會甦醒復活過來。首先，著手對股東會上股東權行使與董監事義務履行，作法定明確化之規定，致使股東會已日漸步上正軌。另一方面，試圖將股東會造成交流對話舞台，除法定公開義務之資訊以外，設法誘導公司自動提供其他有關公司之資訊情報，促使公司股東間建立起積極性的對話交流機制。如公司資本報酬率值（ROE）的目標設定以及實行計畫的說明，董事會或董事的評價報告，董監事選、解任理由的說明，公司治理實行報告，社會責任施行報告，會前、會後的股東懇談會召開等等措施與作為繁多。形骸化股東會的舊態已逐漸在改觀，開放型、活化性的股東會的形象日益呈現。因此獲取外國投資家以及國際投資機關的注視與好評，提高外資對日本資本市場投資慾望。

## 三、書面與電子投票制度法制化

　　現行股東表決權代理行使制度下，盛行委託書徵收，演變成公司控制權之爭奪戰。通常股東都將空白委託書寄回公司，委託現任董事及當權派代理行使，若有非空白，記明贊成、反對意見之委託書出現時，當權派僅挑選對自己有利，對自己不利之委託書廢棄不用（委託書受託人不依指示行使，發生債務不履行責任，會不會構成決議撤銷事由，理論上猶待檢討），對當權派是極端有利。委託書徵收制度變成董事鞏固地位之利器，地位安泰，導致董事為所欲為，濫權事件叢生，嚴重破壞公司制度的發展，解決這個重大弊端，為取代委託書徵

收制度而新創的書面投票以及電子投票是相當有效的制度。

　　股東對股東會提出議案有意願參與表決，但因種種理由無法出席，從前唯一辦法是以出具委託書代理行使。書面投票、電子投票制度的誕生，讓股東不出席股東會也能參加表決，反映股東意見的新設管道，這創新的制度肩負著很大的任務，可糾正委託書徵收之病態，進而促進公司民主化，受到相當的期待。

　　股東會本質是會議體，股東出席齊聚會場，對議案質詢、說明討論，議論過程完成之後，進行表決權，是股東表決權正當行使之態樣。未出席會場，也沒參與議論僅有投票動作之書面投票以及電子投票，確實不符合這個理念。更甚者，股東每一位都利用書面或電子投票，股東會會場無股東出席，實際會議體不存在，但決議依然成立有效，出現很極端的現象。又書面以及電子投票，投票紙上所記載或螢幕上所記錄之內容為限，對於會議場上當場提出之臨時動議案或修正議案，無法變通彈性運用，結果被一蓋視為棄權處理。

　　書面、電子投票制度無可否認確實存在著上述這些缺點，但與能擴大股東表決權行使機會，應納多數股東意見之優點對比，這些問題顯得微小，是可以容忍的，並且之後的持續努力，這些問題也有可能獲得改善或解決。

## 四、股東提案權的保障

　　股東會構成員之股東對股東會審理事項提出自己的議案，按會議體一般原則，是當然的權利，為股東應有而不得剝奪或限制的權利，

縱使法無明文規定，也應同樣肯定。這個權利範圍，包括開會前事先提案以及開會當場提案（即修正議案或臨時動議案）均可行之。

對公司經營股東持有良策，想提供公司採用，可採用方法就是少數股東之股東會召集權行使，召開股東會決議通過，強制公司執行。但這方法要自行召集，從召集手續上或從費用成本上考量，都是困難的問題。鑑於此，利用公司所召集的股東會，讓股東提出議案議題，付諸審議，即是股東提案權，它既方便又省費用，所以股東提案權，也可稱為少數股東召集股東會制度的簡易化。

股東提案權是股東對公司經營反映意見管道之一，也可以改善股東與公司間的關聯性，增強股東對公司的向心力。世界各國均加以重視並以法定化，加以保障之。我公司法於民國94年修改加入第172條之1條文，將股東提案權明文化。股東提案權行使要件設有：1.持股要件（持有已發行股份總數百分之一以上股份之股東），2.手續要件（公司公告受理期間內，限提一案，並以書面三百字內為限），3.適法要件（內容不得違反法令章程或非股東會所得決議事項）。此三項要件如有不符合任何一項，即是非有效之提案，公司可以拒絕受理。這些要件設定本來就相當嚴格，備受非議。對公司當權派不利之提案，或公司不歡迎之提案，頻頻利用要件不具備之理由，為不當之拒絕，是當下的實情。不當拒絕會構成決議撤銷事由，股東可據為防衛手段對抗公司之不當拒絕，但迄今實際案例還未出現。

為保障股東提案權制度發揮不當效用，不當拒絕構成議決撤銷事由理論之明確化，以及實務判例的確立是重要課題。同時仿效外國立法設置第三者機關，負責公正公平審查提案權，也是防止不當拒絕的好方法。

　　已提倡多時之股份有限公司股東民主化或股東主權主義的實現，或者近時盛行的公司治理理論，都必須奠基在股東權正當運作的基礎上。而股東權最重要行使場所是股東會，追根究底，股東會的健全運作，成為公司法制走上康莊大道之基礎，股東會的重要性不諭而知。

　　以上所強調有關股東權以及股東會之諸問題，將分別於下面各章節加以更詳細完整的分析論述。

# 第三章

# 股東會

## 第一節　股東會的性質

## 一、前言

　　股東會是企業所有人（即股東）為成員所構成的機關，是將個別股東的意見彙總並經由股東開會形成公司的意思決定之必要機關，這是一般性的說明。股東會之用語，因使用場所之別而有不同的意義；可分為在觀念上的組織、機關所稱之股東會，以及實際召開討論決議場面的股東會。前者是組織體的股東會，後者是會議體的股東會，應先嚴加以區別為是。公司法第170條之股東會，即是後者會議體之股東會，而第185條之股東會則是典型的前者組織體之股東會。

　　股東會是公司的意思決定機關，是無可置疑的重要機能，惟由於股東會長久以來，常被形式化、形骸化，而成無機能的機關，因此晚近在針對如何使它甦醒，促使其活性化之議論過程中，相繼提出股東會對於董事等之監督機能、統制機能、資訊公開及情報交換機能等議題相當熱絡。

　　在公司法制史上，股東會是否為公司的最高機關，或者是否為萬能機關，乃為制度探討時常常出現的議題。所謂股東會是公司的最高機關之意思，是以其權限效力範圍為定；股東會決議事項，對公司之其他機關（如業務執行機關之董事會）及董事等具有拘束力，稱為最高機關。對於萬能機關之意思，是以權限決定範圍而定；股東會對於公司任何意思決定之事項均可決議，則謂為萬能機關。

　　2001年公司法大修改，導入董事會制度，業務執行除公司法或

章程規定應由股東會決議之事項外，全悉屬於董事會之權限。從此以降，我國公司法上股份有限公司之股東會，即告別萬能機關，但其他種類公司之股東會仍然維持萬能機關之地位。

股東會決議效力，對公司其他機關依然具有拘束力，所以股東會是公司最高機關之地位，則絲毫沒有動搖。

股份有限公司之意思決定事項，股東會對哪些事項能決定，其決定權限範圍具體到什麼程度，我國公司法沒有明文規定，公司機關權限分配，造成各自為是的多種解釋，呈現一個混亂、不安定的狀態。尤其以業務執行，股東會能介入到何等程度，公司法僅於第202條規定：除本法或章程規定應由股東決議之事項外，均應由董事會決議行之。形式上似是已有明文規定，但實質上還是沒有規定，蓋因章程規定事項是自由章定，還是有所限制依然無解，解釋上眾說紛紛，總結各說的理論立場，大略可分為二種論述。

股東具公司所有人的地位，在所有人的支配權、處分權基礎上，股東經由股東會決議參與公司經營事項之決定，可說是合情合理之事，依此前提導論出股東會對公司的任何事項均有決定權限，是順理成章的結論為其一。

股份有限公司是為實現「所有與經營分離」原則所精心設計的制度，更徹底的導入董事會制度。公司之運營、管理等有關經營事項之決定權，劃分出來歸屬董事會專有。公司資本、章程等組織行為，攸關所有機能事項，保留股東會固有。如此，各機關的權限明確分配，各不為犯為其二。

在前者立論之前提下，董事會等其他公司機關權限的來源，除法定之外，其他部分是推定公司法將本來股東會持有權限之一部分委任授與，因此股東會擬自己保留權限時，得於章程訂定，此推定即被否定，權限回歸到股東會。因此本立場是容許章程大幅度保留。並且解釋上，法定以章程保留以外之事項，股東會也可以決議。

依後者的立場，則認為權限劃分已以法律明定清楚，原則上不存在互讓授受之問題，股東會對於法定以及章程規定以外事項，不得為決議，以章程規定而保留事項，應受嚴格之限制。

在「所有與經營分離」之原則理念，所設計出來的股份有限公司制度之下，董事是本著自負責任之規律，受託經營公司。從所有人股東獨立出來的經營權＝業務執行權，經營者全權具為固有，是很合理的。所以，股東會除對法律以及章程明定事項有決定權限之外，應受嚴格限制，俾茲嚴格保護董事的業務執行固有權限，才能建立權責相符健全的董事制度。如此解釋，也始能呼應先進各國現代公司法潮流（美國各州公司法，董事的意思決定權是法律授與的固有權限，非由股東（會）的委讓而來，似乎是全體一致的理解（R. O. Clark, Corporate Law 105 [1986, Little Brown and company]）。德國股份法第119條第1項明文規定，股東會僅能對法律以及章程規定事項決議）。

此外，另有學說主張，股東會為董監事等之選、解任時，股東會決議本身是選任或解任的意思表示的要約，是屬於公司代表機關的代表行為之機能。但是一般都認為股東會的決議，僅僅是內部的意思決定，公司的代表機關按照決議的旨趣對外為表示而完成之選、解任行為。尤其是解任時，股東會決議成立，解任即生效。更加可以瞭解無代表權機能之存在。對此問題，也有學說以機關之選、解任決議，係

無相對人之單獨行為（被選任的承諾為停止條件）的說法，否認代表
機關之機能（江頭憲治郎，新注釋会社法(5)2款）。

## 二、章程保留決議事項

　　如前述，依據股東會本來對公司所有意思決定事項，均有權限
決定之立場，容認以章程規定方法保留股東會決議事項，是理所當然
的。反之，站在為具體實現「所有與經營分離」原則，公司機關權限
分配法定化之立場，則除少許極端例外，原則上並不容許章程保留。
但是，實際上的理由是，某決議事項由股東會決定對該公司營運會比
較和諧順利，在這種情況下，由公司自主判斷柔軟對應，推進公司經
營多樣化，全部否認股東會得介入經營管理事項，似乎也不盡合理。
尤其是中小規模之公司，雖然採用股份有限公司制，但並未徹底實現
「所有與經營」之分離，股東依然持續對公司經營保留參與慾望，經
由股東會決議，實現其參與慾望，是唯一可行方策，如此之故，才強
調有章程保留事項之必要。

## 三、章程保留可能範圍

　　在保留容認立場的解釋，依各個公司的實情，公司自主判斷各機
關權限之分配，章程保留範圍是屬公司自治事項，原則是自由的；但
是，也有例外不允許保留之底線，舉其重要數項說明如下：

　　1. 決議事項的本質，不適合於股東會決定，最常被例舉的有：
業務之執行行為、監察行為，股東會的召集權或者股東會介入股東間
的紛爭調解等（傳統的學說認為，除這些以外的任何事項，均可由股

東會決定）。

2. 被視爲董事會專屬的業務執行權，也就是除特別法定事項（如公司法第185條）之外，是不得以章程規定而保留給股東會，這是董事會制度導入後的一般見解。即使認爲章程可自由保留之少數說，其自由保留也應有一定程度的限制。業務執行所屬事項，具有必須裁量判定之性質，絕對不宜以章程規定而轉由股東會決議，蓋因如章程對於裁量事項加以制約，則董事爲盡遵守章程之義務，董事的最佳經營判斷必會受到制約阻礙，進而與公司法第23條規定旨趣相牴觸。

3. 關於公司代表人董事長選任以及解任的權限，是否保留股東會決定，是傳統最熱門爭論題之一。依肯定說的看法，董事長非僅是董事會的主席，更重要的是身居代表公司之高位，是公司不可或缺之重要機關之一；有關公司機關組織事項之決定，是最高機關股東會的專屬權，代表機關董事長的選、解任權限，本來就是屬於股東會所有，以章程保留給股東會並無所不妥。但是，董事會對於董事長擁有命令監督之權限，該權限的效力基礎是對董事長的選、解任權，如果將此選、解任權移走，勢必架空董事會對董事長之命令監督權。所以，不可保留給股東會，則是反對派的傳統理由。現行法下更加重視董事會的權責，則董事會的監督機能更不能令其形骸化、形式化。因此，絕對不容許董事長的選、解任決定權，以章程規定保留給股東會，如此主張是時下的通說（松井秀征，会社法コンメンタル(7)4項）。

非法定而且章程也沒做保留之事項，以議題或議案被提上股東會請求決議，股東會能不能加以決議？例如，董事會或董事長專有權限的經營事項，由股東提案或董事會自行提案提出之議案。這種議案常被比喻爲勸告議案或參考議案，即使決議通過，也是聽取股東意見，

僅作為參考之用，無任何法的拘束力，在股東會議事運作上，如此處理並非絕對不可之事。但是，公司法對於勸告決議以及參考決議，並未將其列入制度範圍。倘若輕易容許其運作，由於無法的規定以及在法理上亦無所依據，將會招致股東會運作上的混亂。例如，從勸告議案提出到勸告議案決議的過程中，手續或方法以及內容有所瑕疵時，要如何處理之困難問題等。因此，不能以這樣的議題當作股東會開會之目的，而依此提出的議案，也不能當為股東會決議對象，採取這樣的原則較為妥適。

當然，可能會有不管也不視這種原則存在的公司，股東依然提出這類議案，而股東會也決議通過。若有此情形，通過的勸告或參考決議案對股東會決議效力，並不會發生任何影響，這些決議事項對股東會既非有益事項，亦非有害事項，應是無益事項，對股東會是無意義之舉，不生任何效力。縱使這些議案之提出到決議有瑕疵存在，例如董事說明不充足，或決議方法有問題等，股東也無法依股東會決議瑕疵之規定，尋求解決。

其次的問題，公司法上規定股東會必要決議事項，可否以章程規定方式，將其轉移委讓給其他機關決定之問題。公司法規定，股東會必要決議事項，是構建股東會為公司之最高意思決定機關的基礎，同時也是機關之地位所必要持有的最低權限，不容再有所分離轉讓。在實務上，對於決議事項是否應當委讓，股東無法實際去合理判斷，也很容易被濫用或架空股東會之機制，所以不可為之，是一般的看法。

再者，股東會權限之事項，經股東會決議時，可否附加效力發生之條件或期限之問題。一般而言，只要該當條件或期限不違反法令章程或公司本質的話，應當是可以接受容許的。其中特別是對於股東

會之決議必須第三人的同意始生效的附加條件，是長久以來的爭議問題。向來是採以如此條件之附加，是違反股份有限公司之本質，而否定其效力，是壓倒性之說（如董事之選任必須是知事承認之事件，日本法院〈東京高等法院昭和24年10月31日判決，高等法院民事判例集之卷2號245頁〉判決無效。大隅健一郎、今井宏，会社法論中第3版148頁）。但是，即使附上第三人同意的條件，仍然需要股東會有效的決議為前提，並沒有否定股東會決議之權限及效力。因此，股東會決議效力之發生，由公司章程或股東會決議附加第三人同意之條件，也不必堅持加以否定，如此解釋，比較具有彈性且合理。

## 第二節　股東會的意義

股東會是由股東構成，對法律規定事項以及公司章程上規定事項作決議，是公司意思決定合議制之法定必要機關。

## 一、股東所構成的機關

股東原則上都是股東會構成員，但是無決議權股之特別股，或是公司持有自己公司股權等，因不得行使決議權之故，所以持有此種股份之股東，被排除在股東會構成員之外。除此之外，各股東均有出席股東會，參與開會及議事表決等權限。

## 二、對法律規定事項以及章程規定事項之決議

早期股東會對關於公司組織以及公司活動，都能進行決議之萬能

機關，但是實際上諸多原因，如股東會召開不易、無法彈性應急、也無法對任何事都作決議等理由，現行公司法已放棄股東會中心主義，改採僅能對法律或章程規定事項作決議之權限，即限定主義。

## 三、公司意思決定之合議制機關

股東會以決議方式決定公司之意思。股東會合法之決議，對公司其他機關（董事、董事會、董事長、監察人等）均具有拘束力，股東因自爲決議更當然受拘束，發生對內之拘束力。

對公司以及股東之最重要事項，也就是說關於公司組織與公司運營之基礎重要事項，一概是股東會決議事項，當決議作成後，會左右公司之命運，此最高之決定力爲股東會專有。又股東會對其他機關之構成員具有任免權限，對其他機關又有監督監視權能，此乃股東會被指稱爲公司之最高意思決定機關之由來。

股東會是合議制之意思決定機關。所謂合議制，即開會決議之體制，召集成員開會，進行議事，以多數決方式對議案表決形成決議而閉會，如此一連串之活動之謂也。

機關之股東會是股份有限公司常時之必設機關，但並非常時活動（如董事長、監察人）之機關，僅在開會，議事進行、議事終了閉會之間一時性的活動，休會期間即不活動，且不活動的期間較長。股東會之活動，原則上是必須爲會議合法召開，譬如只是多數股東自發性地集合進行集會並作決議，此時僅是多數股東之意見表明，不成爲股東會機關所做的「公司意思決定」。換言之，要成爲股東會機關之意

思決定，股東如何「動作」、如何「決議」均毫無意義，必須是股東會自身之「動作」、「決議」才會有效，股東會之動作、決議是由合法之召集開會開始。

## 四、法定必要機關

股份有限公司股東會之機關必須設置是法律所規定，因此即使公司章程規定或股東會決議，廢止股東會或變更股東會組織，減免股東會之權限是不容許，其決議一概無效。

公司有效存在就必須有股東會之機關，換言之，股東會不存在公司亦命運相同，即應消滅。公司存在一天股東會機關就存在一天，公司解散進入清算手續時股東會也必須繼續存在，此點與監察人相同。

要特別留意一點，股東會名稱用法有二種，一是指機關的股東會，另一是指活動形式會議的股東會，如公司法第170條、第184條、第185條、第192條、第216條等之股東會屬前者，同法第171條、第172條、第173條、第174條等之股東會屬於後者。

## 第三節　股東會的權限

股東會的權限只限於為公司之意思決定，但是意思決定也非萬能的，並不是對公司任何事項均可為之，而是限定在法律規定事以及章程規定事項方可為之。

# 一、法定事項

公司法上規定之股東會決議事項主要如下：營業讓渡、讓受、出租、委託以及共同經營，讓與全部或主要部分之營業財產（公司法第185條第1項）、章程變更（公司法第277條）、減資（公司法第277條）、解散（公司法第315條）、合併、分割（公司法第316條）等有關公司之基礎事項，董事、監察人之選任、解任（公司法第192條、第216條）、董事、監事人之報酬決定（公司法第196條、第227條）等關於其他機關之事項，會計表冊之承認（公司法第230條）、分派新股（公司法第240條）等有關股東利益之重要事項。

# 二、章程規定事項

法定權限以外之事項，公司章程可規定為股東會決議事項，但是章程規定事項可擴大到何種程度，也即是股東會權限可否藉由章程規定無限度擴張之問題，以及他機關法定專屬權限之事項，可否以章程規定轉移到股東會。對此問題，一般認為在不違反公司本質、股東會性質以及強行法規定下，原則上得以章程規定為股東會決議事項，是現時通說見解。又如將董事會之業務決定權限全面移轉由股東會決定，是否可行。縱使股東會是最高機關之性質，但是將董事會之業務決定權全面剝奪，顯然是悖離所有與經營分離制之精神，即對股份有限公司本質之否定，當然不可行。董事長之公司對外代表權限，章程規定將其改為股東會代表，股東會之活動只能是意思決定，因為是會議體無法從事代表行為，是違反股東會性質，行不通，亦不得章定為股東會權限事項。財務報表之作成備置、監察報告之作成提出也由章程規定移到股東會，此等義務之作為與業務執行密切關聯，法律規定業務執行擔任者董事會或監察人強制履行，此乃違反強制規定之例，也不得為也。

# 第四章

# 股東會之召集

## 第一節　總說

　　會議體的股東會並非時常活動的機關，會議體的股東會要開始活動，須經召集權人遵循法定手續召集而啓動。如係偶然的機會，股東們集合在一起並作出決定，不算爲股東會之決議，已如前述。但是，如果全體股東出席在場，且全體同意省略召集手續，當場宣布股東會開會，謂之全體股東出席股東會，外國學說以及司法判例，則均承認該股東會決議爲有效。又一人公司之特殊情形，該一人股東出席，即形成全體出席股東會，股東會之召集手續當然永遠免除及省略。

　　股東會有定期股東會（股東常會）與臨時股東會（股東臨時會）之分，前者是公司每營業年度結束後的一定時期內必定要召開之股東會，後者是應公司之需要而隨時召開之股東會，兩者之召集手續及內容略有不同。

## 第二節　召集的意義

　　股東常會，每年至少召集一次，應於每會計年度終了後六個月內召開，但有正當事由經報請主管機關核准者，不在此限。

　　股東常會於每會計年度終了後一定時期必須召開，每會計年度終了時，公司的損益狀況必須確定。基於此損益狀況、盈餘分配應否實施、如何分配也必須確定，該事項的決定機關股東會勢必召開。一般的公司均以一年度爲一會計年度者較多，所以公司法第170條第1項第1款規定股東常會至少每年召集一次。

　　每會計年度終了後六個月內召開，非一定時點之特定日的規定，是有相當幅度的一定期間六個月內的規定。會計年度終了後，進行決算，做成決算書類，並交付監察機關進行會計監察，必須經過一段期間始能完成，而股東名簿閉鎖基準日與權利行使期間等，亦需要賦予一段期間以茲利用，我國公司法則規定給予六個月的期間。上述諸項作業實際所需時間究竟要多少，有重新檢討之必要，六個月的期間似乎過分冗長，有損企業運作之迅速性。且我國大部分的上市上櫃公司的會計年度都從1月1日起至12月31日止，結果造成每年6月底前之股東會集中召開而擁擠的不正常現象。

## 第三節　股東會召集方式與召集權人

　　如何區別股東常會與股東臨時會，並沒有法規定可作為依據，要以何基準判定，向來就有爭議。有以召集時期為判斷基準之召集時期說，以及以不拘於召集時期，而係以會議目的是財務報表表冊之確定或承認為議題之股東會，即為股東常會之議題內容說。二種不同之對立學說，因會涉及到董事職務執行之責任問題，而引起爭議。

　　依召集時期說的觀點，一定時期以外的時期所召開的都是股東臨時會；而以議題內容說的看法，雖然在一定時期以外的時期所召開，只要會議召開是以財務報表等表冊的承認為議題者，即為股東常會。按我國公司法第230條第1項規定，董事會應將其所造具之各項表冊，提出於股東常會請求承認，以及第170條規定，股東常會每年至少召集一次，應於每會計年度終了後六個月內召開，但有正當事由經報請主管機關核准者，不在此限。綜合觀之，一定期間外召開者，也可能是股東常會，財務報表等表冊必須提出於股東會承認，故以議題內容說為妥。

## 第四節　董事會召集之股東會

　　股東臨時會於必要時召集之。而必要時之具體條件，法無明文規定，因此，股東會的日程、場所、議題等決定機關董事會判斷召集的必要性，認為有必要時，隨時可以召集。

　　董事會判斷有必要召集股東臨時會，並非一定要召開，經董事會判斷事宜妥當的利用股東常會審理也非不可。

　　公司法之規定強制召開股東臨時會之情形也有之，例如公司虧損達實收資本額二分之一時，董事會應即召集股東會報告之（公司法第245條第2項）；法院對於檢查人之報告認為必要時，得命監察人召集股東會（公司法第211條第1項）；以及清算人就任後（第326條第1項）及清算業務終了時，必須召集股東臨時會，承認所提出之財報簿冊（第331條第1項）等，即是強制召集股東臨時會。

　　公司法規定股東會由董事會召集之（公司法第171條），而不做股東常會或股東臨時會之區別。實際運作上，董事會對開會目的、日時、場所、議題等做決定，如前述董事會只能意思決定，無法為行動之活動，因此是董事長根據董事會之決定，以董事會名義發出召集通知，實行召集手續，是召集行為人。董事長不僅是公司的對外代表機關，也是公司內部業務執行機關，召集行為係屬公司內部業務之執行，順理成章地由董事長擔當。

　　此外，公司法第173條規定，繼續一年以上持有已發行股份總數百分之三以上股份之股東，在一定要件下，得向董事會請求召集股東臨時會。股東臨時會由股東請求而召集者甚多，但是，如董事會對股

東請求置之不理，股東請求提出後十五日內董事會不為召集時，股東得報經主管機關許可自行召集股東臨時會，此是少數股東召集制度（此制度期能獲實效，持股比率、持股期間能否委由章程自治自定，應積極考慮）。再者，因故董事會不為召集或不能召集股東會時，得由持有已發行股份總數百分之三以上股份之股東，報經主管機關許可後，自行召集股東臨時會（公司法第173條第4項）。又公司解散後之股東會，由清算人決定召集，代表清算人為召集通知（公司法第324條）。

在此有一論爭甚烈之問題，即當公司內部紛爭，董事會無法決議時，董事長逕自發出召集通知之事件頻繁發生，如此情況下股東出席開會並作決議時，決議的效力如何的問題。這問題之核心點是股東會召集權誰屬之解釋，前面已述，股東會召集實際運作，董事會決定召集，董事長為召集行為依決定發通知；此時要求董事會之召集決定是內部之手續之一環，召集權限是召集通知者——董事長持有之想法，按此看法有董事長之召集，如無董事會之決定，只是手續上瑕疵，該股東會決議成立，只是存有可得撤銷之事由而已。相對的論說是，召集權限應在董事會，董事長對外的通知是召集手續一部分，董事會之召集決議欠缺，股東集合所做之決定，不成為股東會機關會議之意思決定，結論是股東會決議之不存在。這兩方之論爭，難分勝負。按理論分析，召集通知性質一般解釋為觀念通知（事實之通知），觀念通知準用法律行為處理，所以召集通知才交由有代表公司為法律行為權限之董事長為之。董事會欠缺決議，則召集之意思決定之事實，觀念不存在，董事長逕自發通知召集，屬於無效觀念之通知或是不實之通知，據此召開股東會不成立，決議當然亦是不成立，應作如此判斷為妥。

## 第五節　少數股東之股東會召集

### 一、總說

　　股東會原則是董事會召集，但是董事會不決定召集，致使股東會召開不當延遲或長期不召開，公司營運陷入不正常狀態，對此問題解決方法之一，法定授與少數股東召集請求權，少數股東可以主導召集。

　　少數股東召集請求權制是比較常被利用的制度之一，但是請求行使要件之一，須要繼續一年以上持有已發行股份總數百分之三以上股份之股東才有資格，這對發行股份總數眾多的大公司要達到這個要件很不容易。股東會召開手續繁雜又費時，經費支出又過於龐大，勞師動眾又費力，不是輕易就能召開，也不許輕易就召開，因此該制度利用難易度之斟酌應慎重行之。近期常有論說主張，以股東提案權之利用，取代少數股東召集請求權，即股東利用公司召集的股東會提出股東所希望的議題，議案提案權之行使，既簡單又方便，何苦而不用。少數股東召集請求權與股東提案權，二者對於股東所希望的議題，能在股東會上獲得討論並進行決議，具有相同的機能；但是，當董事會不為或不能召集股東會問題產生時，只有少數股東召集請求權，才能有效對應解決。由於股東提案權是在公司股東會正常召集之下才能適用，所以股東提案制度是無法全面取代召集請求權制度。

### 二、召集請求權行使要件

　　公司法第173條規定，有資格請求召集股東會的是，繼續一年以

上持有已發行股份總數百分之三以上股份之股東。持有股數之要件，非僅限一人持有之股數，數人持有股數之總和，也可符合要件。課以一定持股數之要件，與其他少數股權之行使一樣，其目的是為了防止權利濫用。

　　一年的持股期間是由請求召集時點溯及計算，而繼續一年以上持有已發行股份總數百分之三以上持股要件的解釋，是請求召集時追溯其一年期間中，任何時間點都必持有百分之三以上呢？還是，請求權時以及一年前時，只要如數持有，其要件即為已足，不計較中間持股數的變化？按課以一年期間持有要件之目的，是要抑制一時取得之投機股東，濫用召集請求權，且從立法採用「繼續」一年以上之文句之考量，應以此一年期間從頭到尾都應持有百分之三以上之解釋，始為肯綮。

　　又少數股東於召集請求權行使時，符合持股要件，而後則因股份轉讓致使持股數要件不足時，召集請求權行使能否繼續往前進展呢？依防止權力濫用規定之旨趣，應要求持股數之要件，須維持到該次所召開之股東會終結時為止。惟如上述，我國公司法對於少數股東召集請求權行使，設定嚴格之要件，一般殊難滿足，尤其是公開發行之大規模公司，少數股東欲行使更加困難，制度的實效性備受質疑。應容許公司依本身條件狀況，以章程自治方式彈性調整，適當降低要件，以適合實際，是立法修改考量事項之一。

# 三、召集請求手續

　　滿足持股數及持股期間要件之股東，即可行使召集請求權。少數股東將提案事項及股東會開會目的及理由，以書面方式（為保留證據

起見，一般實務上以郵局存證郵寄方式行使爲多），向公司提請召集股東會，請求對象以公司董事會爲限。

## 四、董事會應少數股東請求而爲召集

針對少數股東之召集股東會請求，董事長要召集董事會作判斷。如果董事會決定要召集，就成爲董事會召集之股東會，進入董事會召集股東會之手續程序。

此時董事會召集之股東會，召集通知書上應記載少數股東請求召集之提議事項，亦即開會之目的。但可免予記載請求召集理由，此次股東會是應少數股東請求而召集之事實，也不需要表明昭示。

## 五、少數股東自行召集

### (一) 要件

少數股東請求提出後十五日內，董事會不爲召集之通知時，股東得報經主管機關許可，自行召集股東會。少數股東自行召集股東會，必須報請主管機關許可，故主管機關許可之前提要件，是十五日內董事會不爲召集通知。但是，十五日內董事會確實爲召集股東會之通知，惟開會日期卻設定遙遠的日子，對少數股東所提議事項，已失時宜；或是後續手續欠缺而流會，或不滿出席足數會不成立案狀況發生時，少數股東能否報請主管機關許可，自行召集？又十五日內召集通知究竟是少數股東召集請求權的消滅要件？抑是請求權行使中斷事由？等等問題，應須加以探討解決。少數股東召集請求權目的不在於

召集之通知，而是要確保股東指望召開的股東會能實現。以此觀之，顯然股東所指望召開的股東會無法實現時，應彈性認定股東可報請許可，自行召集，亦即董事會於少數股東請求提出十五日內所為召集通知，僅為少數股東召集請求權行使的中斷事由，而非少數股東召集請求權的消滅要件。

## (二) 主管機關之許可

本條文規定是許可，而不是報備；須經主管機關審查判斷結果，許可或不許可少數股東自行召集。主管機關審查範圍或內容如何設定，也是一大難題。

報請自行召集許可之股東持股數、持股期間、書面提議事項及理由，以及董事會十五日召集通知之遲延等形式要件，均是必要的審查事項，這些形式要件的審查是客觀事實是否存在的認定，容易而且明確。如果股東之報請，明顯是權利濫用，主管機關可否視而不理，仍許可其自行召集。也就是主管機關應不應該，以及是否有權限介入實質審查之問題。

少數股東召集請求權固然應加保障，但是對於嚴重濫用之負向問題，主管機關也不能漠視，更不能允許任意請求而漫無限制；從本制度規定上，防止濫用之機制，除主管機關之外，無他可求。鑑於此，主管機關對於股東之權利濫用應把關，才能使本制度周全化。

在此之權利濫用之認定，一般學說之基準，均不以報請人之主觀目的或動機不當為足，尚需要加上該股東會之召集明顯對公司無任何實益，甚至於有害之客觀上條件始足。常舉之無益實例，例如公司並

無可分配之盈餘，而少數股東卻以盈餘分配爲目的之召集理由；有害的實例，則如並無舉發具體事證，僅無稽漫指董事不法行爲，而以追究違法爲由，然實質有損害公司信譽爲目的之議案。準此，報請自行召集股東之主觀目的、動機不當，提議事項顯然不合公司之利益，並且客觀上極不可能決議通過之條件下，始認定爲權利濫用，而不爲許可。

依公司法第173條規定，除第1項及第2項少數股東召集請求方法之外，同條第4項另有一種請求方法規定，及董事因股份轉讓或其他事由，致董事會不爲召集或不能召集股東會時，同樣也可經報主管機關許可，自行召集。追加這一項規定，係從董事發生特殊重大事由之考量，「以董事個人股份轉讓或其他事由」爲前提要件，全體董事將其持有股份全數轉讓而遭解任，董事會無法構成，勢必造成不爲或不能召集股東會之情況。至於「其他事由」亦須與「董事因股份轉讓」情形相當之事由，如董事全體辭職或全體董事經法院假處分裁定不得行使職權，或全體董事同時遇災難等，董事會無法構成情形，始可適用。

這種特殊重大事由，原本也能適用第173條第1項及第2項之方法，報請許可自行召集，但是董事會無法構成，不爲或不能召集股東會之客觀事實，一目瞭然，爲期待董事會召集，而要求股東向公司提出召集請求，並再等候十五日期間，都屬於多餘而無實益之動作，所以該項特別規定，排除第1項與第2項之前提要件，直接了當的以董事會不爲或不能召集之要件，即可報請許可自行召集。此際，主管機關審查內容，是董事會不爲或不能召集之客觀事實是否存在之認定。

主管機關審查期間，許可判斷之前，董事會召集通知召開股東會

之情形，也會有之，應如何處置？此時主管機關應審酌，如董事會召集之股東會是少數股東所指望之股東會，主管機關可依職權退回或駁回股東報請案。又主管機關接受報請案，於許可判斷之前，依職權勸諭公司董事會決議召開股東會，並非越權行為，應可容許；董事會依勸諭而召集時，主管機關同樣應將報請案依職權退回或駁回。

## (三) 召集手續

經主管機關許可，股東即可自行召集，應於什麼時候召集，法無明定，在合理適當期間內不為召集，許可應視為無效。主管機關的許可也可附加召集期限，超過期限未為召集，視為不許可。

經由主管機關許可，讓該少數股東成為公司機關地位，召集事項之決定，由讓該少數股東開會決定，召集通知之召集行為以該股東名義為之。股東會參考資料、委託書、書面表決權表等文件之交付，亦同。股東會召集、開會之支付費用，原則上歸公司負擔。

## (四) 股東會之議事以及決議

股東會議事進行之主席，法定由董事長擔任，而少數股東依許可自行召集之股東會，就不適用此規定，應於股東會議之當場推選會議主席，此際如董事長被推選為主席，也沒有什麼不行。

主管機關按照少數股東提議事項許可，因此主管機關許可召集之股東會，決議事項應設限在該範圍內，而提議事項以外之事項，所為決議應視為無效。但是，有對公司業務或財產狀況做調查而選用調查人之決議，則不在此限。

## 第六節　過半數股東召集之股東會

### 一、總說

如前所述，股東會法定是由董事會召集，但董事會不能或不為適時妥善召集，致使股東會召開不當遲延或長期不召開，導致公司營運陷入非常態的困境。對此問題之解決方法，可藉由法定授權少數股東之召集請求權，由少數股東主導召集，以資補救。

2018年公司法大修改，增訂第173條之1，規定「過半數股份之股東召集」制度，是我國公司法所獨創、獨有之制度，一般皆視為是對上述問題提供了第二種補救管道。但在詳加解讀本次立法的說明內容後，可以發現似乎並非針對上述問題而所為的立法，大家可能認為這只是將當然之事理加以明文化之單純作為，但卻渾然不知，實質上是一項對於機關權限重新分配的重大舉措，結果不但無助於上述問題之解決，反而招來制度混亂之憂。

「當股東持有公司已發行股份總數過半數股份時，其對公司之經營及股東會有關鍵性之影響，倘其持股又達一定期間，賦予有自行召集股東臨時會之權利，應屬合理，載明是繼續三個月以上持有已發行股份總數過半數股份之股東，可自行召集股東臨時會，毋庸先請求董事會召集或主管機關許可」是本條增訂條文之立法理由。深究其意不外是，持有過半數股份之股東，其「過半數股份」為股東會開會的要件，同時也是決議通過的要件，「過半數股份」的持有形成絕對的支配與控制，對公司經營、股東會有關鍵性之影響力，如此考量，區區股東會召集小事，豈有不可為之理。

再進而言之，股東會本質是公司最高意思決定機關，原本更是萬能機關，凡事皆可決定，只是在現行法下被立法政策壓縮限制，消失了原本機能，重新以立法政策將其潛在本能恢復，也並非不可。股東會的機能實質是「過半數股份之股東」所扮演，因此立法直接賦予「過半數股份之股東」自行召集股東會，似乎也是順理成章，這應是立法者此次修改本條文所持的理論基礎；或許亦可說，從頭到尾，始終一致，就是爲著「過半數股份之股東」召集權的本質性以及正當性所做之論證。

然而，現代股份有限公司制度是在實現「所有權與經營權分離」原理基礎下，所設計建構的組織體，分別設立多數機關，並將公司營運之所有權限分門別類，以法定方式分配各機關專屬，即採行「分權而治」之制度。各機關擁有其專有權，各自運作，互不侵犯，又能彼此協調合作，使公司整體運轉順利圓滿，雖不能達到盡善盡美的理想境地，也應算是差強人意，更頗受歡迎的現代化企業型態之一。

在分權制度下，公司法規定將股東會召集權限劃分歸屬給董事會，姑且不論這樣的權限劃分與授予的妥適性如何？既然是法定的董事會專有權限，原則上就任誰也不能奪取或侵犯。公司法所例示例外容許之「少數股東召集請求權」，這方法召集的行使，除了持股數、期間的要求之外，設有二項嚴格之要件。其一是應先行申請董事會召集，而董事會不爲、不能召集時，另一是報請主管機關許可。前者是道地眞實的遵守董事會專有權不可侵的定律，後者是避免少數股東濫權而爲無謂召集的防範措施。

這次立法者不假思索上述分權制度的法理眞諦，也不考量少數股

東召集請求權制度的寓意與立法用心，竟貿然進行機關權限之調整，將股東會召集權除董事會外也授予「過半數股份之股東」，與董事會兩者同時併行享有，這必然導致分權制度失靈，公司權限運作失序，失去公司治理的功能。當乘載現代股份有限公司基礎法理與諸多制度設計，全遭塗墨，終將引發股份有限公司制度的瓦解、崩潰的深憂。

再者，在現實面上，可預見必定發生深刻且嚴峻的問題。由於「過半數股份之股東」與董事會同權，免去先行申請董事會召集及報請主管機關許可之要件，而隨時可以自行召集。當公司董事會召集股東會時，「過半數股份之股東」也隨即召集；或者，當「過半數股份之股東」召集股東會時，董事會也緊接著召集，兩個合法正牌的股東會同時或相繼出現情況下，股東會將成雙胞胎，股東悉取悉棄，何去何從？將不知所措。另外，也不難想見，當一方先行召開股東會作出決議，他方也可迅即召開股東會將其全數加以否決。更有甚者，若有發生爭端，或許法院也將陷入無法判決的窘境。如此之下，雙方為公司經營權的爭奪，惡鬥蠻纏，公司營運呈現混亂無序或癱瘓，重者頓時公司暴斃，輕者半身不遂，是必然之勢。增訂此條與法理南轅北轍之條文規定，禍害或將降臨，解鈴還須繫鈴人，但願立法者及早察覺，立刻著手修改廢除，以平息惡法之災於未然，已刻不容緩。

## 二、召集要件

新增公司法第173條之1規定，凡繼續三個月以上持有已發行股份總數過半數之股東，得自行召集股東臨時會。唯一召集要件為：股東持股期間與持股數是以股東臨時會開會前十五日（閉鎖日）之股東名簿名義記載為基準，往前溯行計算滿三個月，在此期間持續持有

過半數股份爲足，除此之外，無任何要件之設計；而「過半數股份之股東」自由自主判斷，隨時可以召集股東會，其召集權限與董事會完全相同。

## 三、召集手續

過半數股份之股東得自行召集股東會，明示要有「召集」才能開會，仍然必須遵守實踐嚴格之法定召集手續。倘若持股要件滿足之過半數股份之股東聚集一堂，即興的召開股東會，如此的會議，由於未實踐法定之召集手續，將召集事由等通知公司所有之股東，並非第173條之1增訂條文規定所容忍的有效股東會。過半數股份之股東召集之股東會與本章第九節所述可以省略召集手續之「全體股東出席」之股東會性質迥異，主要關鍵在於過半數股份之股東召集之股東會不踐行法定召集手續，顯然會侵犯其他股東的股東會出席權，此爲法所不容。

公司法明定「過半數股份之股東」可以自行召集股東會，此時「過半數股份之股東」成爲公司臨時機關的地位，而自行召集係指召集事由之決定、召集通知之發送、議事之進行到散會等有關開會事項之權限，全概括擁有，全數以「過半數股份之股東」之名義行之。

「過半數股份之股東」因與董事會同等同權，所以股東會召集事由決定、召集通知與公告、股東提案、開會宣示、會議主席選任，以及議事進行、決議表決、宣布散會、議事錄作成等開會程序之方法，全部準用董事會召集股東會之規定，其相關之細節說明，請參照本章第四節、第七節，以及第八節，在此不爲贅述。

## 第七節　股東會召集決定事項

　　董事會決定召集股東會之同時，對下列事項也應做決定，成為召集通知內容：一、股東會的日期及開會場所；二、召集事由及提議事項；三、是否採用書面或電子方式行使表決權；四、其他法令規定事項。以上決定內容，應載明於股東會召集通知。

## 一、開會日期與場所

　　開會要在哪一天，在什麼地方，是最基本要件；所以，董事會要決定開會日期與場所，是理所當然之事。股東會每年至少召集一次，除非有正當理由經報請主管機關核准之外，股東常會應於每次會計年度終了後六個月之內召開，董事會應在這期間內選定一天召開。目前眾多公司的股東會，擠在6月底召開，擁有多家公司股份之股東，無法同時出席多處股東會，造成股東出席股東會的機會被剝奪，顯然是不正常現象，則有必要由主管機關以勸導方式或訂立相關措施，加以疏散，以確保股東出席股東常會之權益。

　　除此之外，因應公司情況之需要，董事會可以隨時決定日期召開股東臨時會。股東臨時會開會所需場所，董事會也必須經決定；公司法對於股東會開會場所未做任何規定，解釋上應是任何地點均可；蓋規定特定地點，如總公司所在地等，反而對廣泛分散各地之股東，造成出席參加之不便。故任由公司自主選定股東方便出席地點召開之立法立場應受肯定。但是，公司仍需要考慮股東出席方便為優先考量，一般選定在總公司所在地或鄰近地區召開為多；公司如果故意選定不便場所召開時，就是惡意剝奪股東出席股東會的機會，這是股東會召

集程序瑕疵之一，股東可得訴訟撤銷。

召集通知發送之後，如果董事會欲變更會議場所，這是頗有爭議之問題。變更理由正當，不損及股東出席會議之方便性，並且事前對股東通知周到，以及妥善引導前往新場所之條件下，應可允許變更場所。

又如開會當天，股東出席人數預料外激增，場所過小而無法容納全體出席股東時，如有大部分股東不為反對，則可按預定安排召開，但必須讓在場外的股東，能如場內股東同樣（臨場）條件，確保其聽取報告、發言質疑機會，以及表決權行使，不然則會構成開會方法瑕疵，得為撤銷原因之一。

股東會開會日期、場所在章程上規定，將其固定化是一般常採用方式。

## 二、股東會之召集事由

董事會為什麼要召開股東會，會議上要股東討論什麼問題，對什麼問題做決定，即股東會之召集事由，要由董事會決定並於通知書上載明。

召集事由或稱為會議之議題，議題之下再提出具體表決之議案，如「選任董事」即為議題，「選任某甲為本公司董事，贊成或反對」即為議案。議題提供股東臨會之前事先準備資料，茲以議案做正確的決定，或據以提出臨時動議或修正議案或反對議案等。因此，

召集事由之議題是開會通知必定載明之最低（底限）內容。開會通知無載明召集事由，當然無法召集開會，也就是無議題之會議是不成立的。

## 三、書面投票、電子投票方式之採用

公司法第177條之1規定，公司召集股東會時，得採用以書面或電子方式行使其表決權，採用與否由董事會決定；決定採用時，其行使方法應載明於股東會召集通知，召集通知發送時，應將股東會參考資料以及表決權行使書類，一併發送給股東。股東會參考資料之內容應記載哪些事項，也是董事會決定事項之一。

書面投票或電子投票擇一採用或兩者同時採用均可，但證券主管機關視公司規模、股東人數與結構及其他必要情況，命其將電子投票方式列為表決權管道之一，即強制採用規定（第177條之1第1項但書）。

書面以及電子投票制度二者併用時，為防止二者重複行使，或二者同時行使時，何者優先有效，董事會應事先加以決定並通知股東，例如有先後到達之別時，以先到者為有效；二者同日到達時，以電子投票為有效等之決定。

## 第八節　股東會召集通知與公告

股東會召集應於開會日一定期間前通知股東，對於持有無記名股

票者，應於一定期間前公告。一定期間之設定，會因股東常會或股東臨時會，公開發行股票之公司或非公開發行公司之異而有所區別（公司法第172條）。

　　一定期間前通知，是通知發送日以及開會日除去後，這中間要有的一定期間之意。一定期間設定之目的，是在保障股東有出席充足的準備時間。一定期間前，公司按股東名簿上記載之股東住址發送通知，通知是否到達，什麼時候到達一概可以不問。在此採用發信主義，而捨棄民法上到達主義之一般原則，其理由係股份有限公司之股東為數眾多，且分散各地，個別處理無法周全應付，故乃改採劃一方式處理。

# 一、通知對象股東

　　股東會召集通知對象是在股東會能行使表決權之股東，也是股東名簿上記載的股東。公司法設有基準日制度，指定基準日股東名簿上之股東，認可其行使股東權，因此嚴格說應以基準日股東名簿上股東為通知對象。

　　無表決權之股東是否為召集通知對象，素有爭議。有認為無表決權並不排除其股東會出席權，為確保其出席權（出席參與議題討論之機會），仍須給予通知。但是，就法理而言，股東會之本質是表決權之行使，以形成公司意思決定，股東無表決權，就是切割其與股東會的關係，股東會出席權應被排除，所以無表決權之股東並非召集通知之對象，不必通知；同時，由於無表決權之股東並非股東會構成員，其持股數不計入股東會出席股數，也是理所當然。日本会社法（第

298條第2項）明文規定，排除無表決權之股東為召集通知對象；我國
公司法則無相類似之規定，在解釋上應是採相同結論為妥。

對於章程或發行股票時明定無表決之特別股股東，以及因遭假處
分或假執行而無法行使表決權之股東，也應作同理之解釋，排除在召
集通知對象之外。

對全體通知對象股東都沒有通知時，會構成股東會決議不存
在，股東得提起確認之訴。對於通知對象股東之一部分漏於通知時，
是召集程序違反法令，構成股東會決議撤銷之訴事由。

## 二、通知方式

股東會召集通知上以書面方式通知，但例外於其通知經相對人同
意者得以電子方式為之（公司法第172條第4項）。獲取相對人同意的
方法，一般是對相對人事先提示使用之電子方法、種類及內容，相對
人再以書面或電子方式回覆承諾。實務上，相對人股東不特意撤回承
諾時，相對人的同意持續有效，不必每次反覆再徵求同意。

同意以電子通知方式之相對人股東，其書面表決權行使事項以電
子方式記載後，發送給公司；或是表決權代理行使之書面代理證明，
以電子方式提供給公司，公司無特別理由時，不得拒絕。

又董事會決定以書面或電子方式召集通知，但結果以其他方式通
知，例如採用電話或口頭通知時，不視為股東會決議不存在，而是召
集程序違反法令，得撤銷決議之問題，乃是一般通說的看法。

# 三、股東會通知內容

書面或電子方式發送股東會開會通知時，通知內容應記載事項包括：（一）股東會開會的日期時間與地點；（二）股東會開會的目的事項；（三）允許書面或電子方式行使表決權時，其制度旨趣；（四）主管機關所規定事項。

我公司法對股東會開會通知內容，並沒有特別規定，以通知內容能確保股東出席股東會機會，以及股東行使表決權之事先準備機會，為最低條件之考量。如有違反時，將是構成該次股東會決議撤銷理由之一。茲將各項內容再詳細說明如下：

## (一) 開會時間與地點

開會的時間與地點，本非法定通知事項，但所有公司都必須通知此事項，召集股東在什麼時候、什麼地點開會是召集開會的最基本要件，這個基本要件事項不通知，無可置疑的是股東會決議不成立確認訴訟之事由。

開會當天變更會場以及時間之問題，如果是不得已的事由，且對全體股東有適當周全的通知與安排，原則上是可為變更。但是，如果是無理由的變更，會構成股東會決議不存在確認之訴之事由。

提前開會，也是妨害股東權益之舉，斷不可行。短時間延遲開會，應可容許，但過長時間的延遲，造成股東等不及開會而脫離退席，也是侵害股東權益之舉，都會是股東會決議撤銷事由之一。

## (二) 開會目的事項

　　股東會目的事項也可說爲開會的議題，議題之下設議案，議案直接付諸表決，成爲具體之公司意思決定內容。議題如「選任董事幾名之件」，「退任董事退職慰勞金贈與之件」等之記載即是。目的在告知股東召開本次會議之目的，讓股東對這議題事先能有所準備，在會議時如何應對。股東會對於董事會所決定會議目的事項以外的事項，以及議題外的事項能否進行表決，是有爭議的問題；基於保護股東權益，防止突襲性提案表決，採否定立場爲通說。

　　股東會目的事項除議題之外，報告事項也包括之。召集通知上一般會將報告事項與決議事項分別記載之。

## (三) 可以行使書面或電子投票時

　　公司容許股東以書面或電子方式行使表決權時，召集通知應記載或記錄其旨趣，並於發出召集通知時，應將股東會議參考資料以及表決權行使書面也必須一併交付。

## (四) 其他事項──主管機關所訂之政令規則，有關股東會召集通知事項。

　　一般股東會召集通知，最多是附加營業報告以及決算書類一併寄送。但是，最近在日本爲反應達到要求公司與股東間對話交流之目的，利用召集通知作爲對股東發送資訊手段之公司日益增多，例如將獨立董事對公司建言意見或公司內部對各個董事的評語等資訊，作爲召集通知之附件。而在美國則是將董事會經營實效之評價，記載於召集通知中。

　　舉幾個日本實例：ヵゴ（籠目）会社要強化公司品牌，將三位獨立董事的建議提案記載成書面，與召集通知一併寄送給全體股東。トラスコ中山会社是經營工具銷售之商社，將公司幹部對社長以及其他六位董事及監察人的年度經營業績評分結果內容，利用股東會召集通知之發送而對股東公開。アサヒビル会社將中期經營計畫書以及上期計畫實施成果評價書等厚重資料，與召集通知一起發送股東，受到投資者高度的好評。據統計每屆董監事選任時，上市公司中近六成的公司已經實行，將董監事選任的理由，發給股東做判斷參考。但日本2015年6月實施的企業統治規則，雖然要求上市公司應將對董事會經營實效之評價，對股東公開，然而實施評價之公司僅止於四成左右。日本的股東會召集通知制度，逐漸創出公司與股東之對話機制之附加價值，逐步地追隨美國之後塵。

## 四、召集通知之撤回與延期通知

　　股東會召集通知一旦發出之後，如要撤回通知中止開會，法無明定，解釋上應是允許。但應準用召集手續之履行，始能撤回。也就是撤回股東會召集通知要經董事會決議，並通知召集之對象——股東全體，不得有遺漏，而且撤回通知必須在召集通知開會日之前日到達，撤回才生效。但是例外的，如果董事會沒有決議，而董事長逕自發送撤回通知，通說認為撤回有效。

　　召集通知發送後，擬開會日延期也是可行，與上述通知撤回相同手續，由董事會決議，對所有對象股東全體通知，通知必須在開會日前一日到達。股東會已召開進入議程，經會議決議會議延期，或已進行審議但時間不足必須延續，經會議決議延續會時，不必再行開會通知。

## 第九節　股東會召集手續的省略

　　股東會召集手續能省略與否，公司法依然是無明文規定。依一般解釋，若經全體股東同意，不經召集通知手續，股東會召開可以有效成立。在股東人數不多之閉鎖性公司，對於股東會召開日期、議題等很容易知悉，當全體股東積極表示同意，亦即沒有一位股東之權益有所受損，如此情況下，只要實事求是，無須再強求形式上的召集手續。這種股東全體同意省略召集手續股東會之有效性，擴大到董事會未決議，非召集權人召集之股東會也被解釋爲有效。但是書面或電子投票採行時，即使全體股東同意，召集通知仍不得省略，蓋因這種表決行使方式必須有一定時間做事先之準備，無召集通知即無法進行書面或電子投票。全體股東同意之條件，是指有表決權之股東全體即是。又同意不限於明示同意，默示同意也可。

　　股東全體出席召開之股東會，與上述股東全體同意省略召集手續之股東會，二者有所不同。前者是欠缺召集手續，偶然地股東全體任意齊集一起，在無任何異議下，當場所召開之會議，實務判例與學說均認爲有效。後者則是指全體股東事前對特定股東會爲召集手續的省略同意，因此，事後同意或對所有股東會做包括性的同意是不允許。又前者必須要股東全體出席，股東會始能成立；而後者是全體股東同意省略召集手續，無須全體出席，只要出席股東達法定數以上，股東會也能成立。

　　在此有一爭論甚烈之問題，即當公司內部紛爭，董事會無法決議時，董事長逕自發出召集通知之事件頻繁發生，如此情況下股東出席過半並作出決議時，決議的效力如何。這問題之核心點是股東會召集權屬誰之解釋，前面已述，股東會召集實際運作，董事會決定召集，

董事長爲召集行爲依決定發通知；此時要求董事會之召集決定是內部手續之一環，召集權限是召集通知者——董事長持有之想法。按此看法有董事長之召集，如無董事會之決定，只是手續上瑕疵，該股東會決議成立，只是存有可得撤銷之事由而已。相對的論說是，召集權限應在董事會，董事長對外的通知是召集手續一部分，董事會之召集決議欠缺，股東集合所做之決定，不成爲股東會機關會議之意思決定，結論是股東會決議之不存在，這兩方之論爭，難分勝負。按理論分析，召集通知性質一般解釋爲觀念通知（事實之通知），觀念通知準用法律行爲處理，所以召集通知才交由有代表公司爲法律行爲權限之董事長爲之。董事會欠缺決議，則召集之意思決定之事實、觀念不存在，董事長逕自發通知召集，屬於無效觀念之通知或是不實之通知，據此召開股東會不成立，決議當然亦是不成立，應做如此判斷爲妥。

第五章

# 股東提案權

## 第一節 總說

任何會議體，構成員擁有自定議題以及議案、自行召開會議之權限，一般認為當然，股份有限公司組織當不例外。前述少數股東召集制度之承認就是例證。承認會議構成員之會議召集權，承認會議決議事項之提案權更沒問題，股東不自行召開，利用董事會召開股東會之機會，提出議案，即能反映股東之意思又能省下公司成本，何苦而不為，依上之考量，各國公司法均積極承認股東提案權。

股東提案權制度是少數股東對公司經營反映意見之管道之一，世界各國均重視並予以法制化，加以保障之。在公司經營民主化理念滲透以及股東權利意識抬頭的背景下，股東利用的程度也日益增高。但是股東權放任行使，濫用、惡用之弊端必生，又眾多股東廣泛行使也必招致事務處理之紛亂，公司難於應對。加以為保障出席股東對議案之決定事先充分之準備，防止對缺席股東意外突襲，以上諸理由，各國公司法又對提案權之行使均設條件加以限制，只是各國採行之限制方法不一。

日本於1981年將提案權立法化，當時日本股東會會場幾乎由職業股東霸占，個人股東畏縮不敢發言，提案權初期被變相利用作為發言或質問權為多。近年來因反核能之社會運動者對於電力公司廢除或降低核能發電之要求，以及強勢股東要求公司增配股息等，提案權被使用的情形顯著增加，依2014年的紀錄，有34家上市公司被少數股東提案。

日本会社法規定，持有300個以上表決權或總表決權數百分之一以上持股股東，即可對公司行使提案權，提案應於股東會開會日之

八週前向公司提出。日本提案件數沒有上限，對於內容也沒有特別限制，只要不違反法令章程，幾乎什麼樣的內容都可以提案。而且，公司拒絕接受股東提案時，對於此拒絕之判斷（即不接受提案之理由），目前並沒有保障機制，被拒絕接受提案之股東，又動輒即以興訴方式處理，所以日本公司為避免訴訟的風險，明知股東之提案必遭股東會否決，也都一概接受。

　　歐美國家當然都承認股東提案權，但是權利行使門檻都比日本設定得高。英國和德國都規定總表決權數百分之五以上持股數為提案權行使要件，比日本的百分之一要件，顯然更加嚴格。美國對持股要件雖是與日本相同，但是對於提案之件數以及內容則有約制規定，提案件數限制一人一案，針對董事選任以及股息分配之事項，股東則無提案權。另外，美國證券交易委員會（SEC）對於公司拒絕股東提案內容，得加以審查，公司作拒絕判斷之理由，可以經由審查結果獲得SEC的認同，這是在股東提案權制度下，對於公司的一種保障制度設計，值得各國探討與借鏡。

　　當公司接到股東提案時，就得判斷應否列入股東會之議案。提案權是法定股東權，如果公司採嚴格審查而過度拒絕，會招來與提案股東在法庭上爭訟的風險。反之，如果公司不精查而採照單全收的態度，屆時遭股東會全數否決，則公司負擔事前將提案通知股東等事務處理之費用甚重，也造成股東會為議決這些無益之提案而拉長時程，浪費公司資源與耗用其他股東之時間。對於日本近年來股東提案權行使日益增多，公司與股東間的對話也日漸活潑化的現象，有認同其意義與價值而加以肯定之意見者，也有人針對存在多數無意義或非常識的提案，憂心放任提案將導致股東權亂用的普遍化，而提出警告之意見也有之。對於股東提案權制度設計以及其運用方式，應進一步加以

完善化，則是大家一致的見解。

　　採嚴格立場者，提出：一、提高持股數要件，二、提案期間提前並加以縮短，三、限制提案件數等修正腹案，以期防止提案權之亂用。而另一方則認為，促進公司與股東間對話，實現公司民主化是公司法等相關規定的時向目標，股東提案權更是股東制衡董事專權的有效手段之一，不可輕易奪取；而對於亂用的防止，則認為應先從何謂不合理、非理性的提案，加以系統性整理，並累積實際案例，將其類別化，供為實務參考。關於仿效美國SEC對於拒絕股東提案內容審查制度之見解部分，雙方都是立場一致的建議日本政府應設置第三者機關，並授予其審查權。日本對於股東提案制度之問題觀察與改革理論，皆是我國在修改法規以健全股東提案制度時，珍貴的參考資料。

　　這次公司法修改（2018年）曾有建議於第172條之1加入「董事會未將股東之提案列為議案者，提案股東得向法院聲請以裁定命令公司列為議案」資以加強保障股東提案權之行使，可惜沒獲採納。

## 第二節　股東提案權之內涵

　　「持有已發行股份總數百分之一以上股份之股東，得以書面或電子向公司提出股東常會議案。但以一項為限，提案超過一項者，均不列入議案。」乃2005年公司法修改時，增訂第172條之1條文，我國公司法也將股東提案權終於明文化。提案方法除書面以外，這次修改又加入電子方法。

　　股東向公司請求將一定事項列為股東會開會目的事項之權限，

即爲股東議題提案權。另外，先進諸國所採行的制度，是再加上對於股東會之目的事項也就是股東會議題提出請求表決之議案提案權，以及請求將議案概要記載於股東會召集通知之議案概要通知請求權等二項權限，此三項權限合稱爲股東提案權（例如，日本会社法將三項權限分別於第303條、第304條、第305條中明文加以規定）。然而，我國只擇取議案提案權一項而規定之，必然存在著諸多制度不周全的現象。

## 第三節　議題提案權

股東會開會目的事項議題，是董事會所決定。股東想提出與董事會不同的議題，讓股東在股東會審議表決，可採方法是少數股東報經主管機關許可自行召開自己希望之開會目的事項議題之股東會。但還要另行召集手續，從費用上、召集手續上，都是困難問題重重。鑑於此，利用公司召集的股東會，讓股東提出新議題付諸審議，即是議題提案制度，不但方便省事，又能活化股東會機能。所以股東之議題提案權，也可稱爲少數股東召集股東會制度之簡易化。

議題提案權是要求公司將一定事項，提爲股東會開會目的事項之請求權，該請求權行使對象之一定事項，限定於股東會權限所屬事項範圍。但在此之上再加限制的立法例也有之（例如，美國SEC規則14a-8(1)(8)規定董事選任之選舉提案不得爲之）。

股東行使議題提案權，未同時對該議題附有議案提案時，該當提案股東應於股東會場提出議案。如所提議題涉及須有議案始能討論表決者，卻僅提議題，所提議題變成無意義，股東會主席可將該議題從

議事程序上去除。

　　不當拒絕股東議題提案權之行使，不將所提議題列為股東會議題時，雖然適法之股東議題提案權被忽視，但並不構成股東會決議無效之理由。蓋因該議題未作決議，對股東會其他決議事項也未有影響之故。但會因召集程序違反法令，而構成決議撤銷之理由。

## 第四節　議案概要通知請求權

　　股東於開會前一定期間得向董事會請求，將其提案或擬提案的旨趣概要，事先通知各股東，或記載於召集通知，此謂之議案概要通知請求權。事先將股東的提案或提案旨趣通知各股東，可讓股東的想法或意見事先對各股東、董事開示，對於股東會的意思決定形成，具有主導性的誘因。同時，提案股東可以利用公司之費用，對全體股東、董事們傳達意見，意義亦十分重要。

　　股東議案概要通知請求權，僅限於對股東會目的事項議題，並且是請求股東有表決權之議案事項始能為之。議案概要是對公司提出的議題、議案或是對股東自己提出或擬提出的議案均可請求通知。

　　議案概要不是議案本身是其要約。議案概要是有關股東會議題，股東提出解決而想付諸表決之議案，對該議案能讓各股東、董事理解基本說明內容之記載（日本東京地方裁判所，平成19年6月13日判決，判例時報1993號第140頁參照）。

　　如果股東只提出議案而不附加議案概要說明時，基於一般股東難

以理解提案用意，無法對議案的贊成與否做出正確判斷之理由，除非
該議案單純而明確，無須要約之特別情形外，係非適法之提案，可加
以否定排除之主張有之。但是，公司在不損害提案原意之下，加以適
當之要約說明，不輕易使股東之提案無效，才是正當途徑。

　　另外，股東所提之議案或議案概要通知請求，而該議案有違反法
令章程時，或者與過去經決議未獲得某種程度（一般以十分之一）贊
成的議案實質為同一之議案，且尚未達一定時間（一般以該議案未獲
股東會表決通過時起算三年為準）者，公司可以拒絕為該議案概要通
知之請求。

　　公司法設定議案概要之適當字數（300字內）限制，超越限制
者，其內容過長，會構成股東權之濫用，公司可以拒絕。一般提案股
東執意要使自己所提出議案能獲表決通過，通常以自費招募委託書方
式進行者為多。

　　股東所提之適法議案概要通知請求而遭公司忽視時，該當議案的
決議會有可能成為撤銷的對象。

## 第五節　議案提案權

### 一、總說

　　股東會構成員的股東對股東會審理事項提出自己的議案，是當然
的權利，縱使法無明文規定，在一般理解上，為股東應有而不得剝奪

或限制的權利。這個權利範圍，包括開會前事先提案以及開會當場提案（即修正案或臨時動議案），均可行之。但是，會前事先提案，有賴公司協助處理始能實現，公司事務處理諸多條件上的限制。我公司法第172條之1規定就是針對事先提案問題而定，對於會議當場提案，我公司法則未設規定，仍然應依一般法理解釋來處理；千萬不要誤會以為，我公司法僅僅承認公司法第172條之1所規定的事先提案權，其他提案權均不得行使。但是法定不得以臨時動議提出事項（公司法第172條第5項），對股東提案也適用，不得當場以臨時動議提出。

議案是對應議題提出的具體表決案，例如針對「選任董事」的議題，「甲為董事候選人」是為相對應之議案。股東可針對公司（董事會）所提出的議案提出修改案或反對案，同樣的也可以提出臨時動議案或對自己所提之議題提出附帶議案。

議案提出限於股東會目的事項（即議題）之下，或從議題可合理預測之範圍內，超過一般股東通常可能預測範圍是不被認許，並且是提案股東能行使表決權之事項為限。

## 二、公司拒絕事由

提案屬於下列情形者，係形式要件欠缺，公司可據以拒絕：

1. 提案股東持股數未達百分之一；
2. 公告受理期間外提出者；
3. 提案字數超過三百字或提案超過一項者。

　　股東所提之議案非屬股東會所得決議者，公司也應拒絕，是公司法第172條之1規定，公司以實質內容拒絕的唯一理由。除此之外，提案內容有違反法令章程，同一議案未獲一定程度以上表決權數（如十分之一）在一定期間內（如三年內）不得再為提案等事情，也列為公司拒絕理由之立法例也有之（如日本会社法第305條第4項）。如此情事顯然是會造成公司、股東受損害之慮的權利行使，是股東權利濫用的行為之一，依法理解釋公司也可據以拒絕。又提案股東應親自或委託他人出席股東會，並參與該項討論，亦即提案者必須親自應對，不如此其提案之真意無法獲得解釋，其他股東殊難做判斷，據此理由，股東會主席可依職權，對提案股東未親自或未委託出席說明之議案，拒絕表決處置之。

　　為呼應公司法第1條增訂公司善盡其社會責任之規定，爰於第172條之1增訂第5項「股東提案係為敦促公司增進公共利益或善盡社會責任之建議，董事會仍得列入議案」，以資落實公共社會責任。

## 三、提案要件

　　股東常會召開前之停止過戶時，股東需持有已發行股份總數百分之一以上股份，是提案股東的資格要件，此時之持股數應嚴格解釋為表決權股數，蓋因無表決權的議案股東不得提出。

　　股東常會召開前之停止過戶日前，公司公告受理股東之提案，受理期間不得少於十日，是股東提案期間。我公司法於2018年修法前，僅對股東常會允許股東提案並以書面提案為限，已於2018年修法時，順應時代潮流擴大到電子提案方式，故提案方法以書面或電子均可。

以上所述之要件，均是對事前提案的規定，至於在開會會場上，提出修正案或臨時動議等當場的提案，則不受這些規定的限制。

　　公司應於股東會召集通知日前，將受理提案之案件處理完畢，並將處理結果通知提案股東，且應將合法議案提列於開會通知。對於不合法而未列入議案之股東提案，董事會應於股東會中說明未列入之理由。

　　公司不當拒絕股東合法提案，未列入議案或未列於開會通知，係為股東會召集程序違反法令，是該股東會決議得撤銷理由之一，並對公司負責人為罰鍰之處罰（公司法第172條之1第6項規定）。

第六章

表決權與行使

## 第一節 一股一表決權的原則

每一股一表決權是股東平等原則（實質是股份平等原則）之具體實現，股東依其持有股數計算其可行使表決權數。但是，公司法對於每股有一表決權之原則，容許在特種情況下，對於股東的表決權得加以限制或排除等措施的例外規定。這種例外措施，僅止於公司法規定範圍為限，不容許公司以章程自由設定。但各國立法例並非一致，以下略為概觀的說明各國股份表決權制度：

1. 在美國各州，一般都承認無表決權股之發行之外，也容許多數表決權股的發行（Super Voting Stock）。對於是否容許公司發行之多數表決權股上市，確實有過爭論，不過，已發行多數表決權股之公司申請上市，美國證券交易所則未有禁止的規定。

2. 英國發行多數表決權股之案例，向來少見，但是法規是容許發行的（英國公司法第370條第1項）。

3. 德國不准發行多數表決權股（德國股份公司法第12條第2項）。但是，非上市公司以章程規定，對持有多數股權股東之表決權數，遞減表決權數方式加以限制，是允許的（同法第134條第1項）。

4. 法國法對於一定期間以上持股之股東，得以公司章程規定，容許賦予2倍之表決權（法國商法第225條）。

而上述這些國家一律承認無表決權之優先股制度，在日本也有無表決權優先股制度，但是不認可多數表決權股之發行。

股東依每一股一表決權原則，作為行使表決權數之基準，其法理根據為何？學說有如下幾種說明：

## 一、股份有限公司的本質是資本團體

　　股份有限公司是以資本爲核心所構成的組織，從社會上一般大眾廣泛吸集資金而成，只認出資金而不認出資人；之後又力行股份自由轉讓制度的結果，無個性化的股東成爲只是單純風險資本的出資人，對所投資之公司，則是具有股息利益分配以及剩餘財產分配之受領地位。表決權是爲保障這些自益權利所授予的，因此表決權數以各股東自益權數相對比例來授予是很合理，換言之，表決權數與風險資本負擔額成正比例，學者認爲是很公平之計算（田中誠二，「株主の決議權にづマ」，法學協會雜誌43卷8號（1925），1323頁；大森忠夫，「議決權」，田中耕太郎編，会社講座（3），877頁；鈴木竹雄，「株主平等の原則」，鈴木竹雄，商法研究Ⅱ，257頁，新津和典，「19世紀ドィッぃぉけ子社員權論の生成と展開」，法と政治59卷1號（2008），185頁）。

　　又，一股一表決權原則與股份民主化有密切關係。股份有限公司制度當初在歐洲剛創立時，只對一定股數以上之股東（主要股東）才認定在股東會上有議事表決之權利。一直到法國大革命之後，受民主主義平等思潮高漲的影響，雖然是由物（資本）集合之股份有限公司也得民主化，也有必要不分大、小股東，而對全體股東均賦予表決權，且賦予表決權之方式，應有別於人合組織以人頭計算的方法，乃以每一股一表決權爲基準分配，以維持股份有限公司特性。

## 二、方便集資（資本募集）之政策

　　股份有限公司在股份自由轉讓原則下，股東形成無個性化的結果，股東只是爲單純接受公司利益以及剩餘財產分配等自益權的目

的，而對公司提供資金資本之身分地位。表決權是令股東能確保其自益權而授予的，股東權益有所保障，公司始能在資本市場上，有效且方便地進行資本募集之政策，這是資本募集之政策說的見解（大隅健太郎，「株主の共益權ぃブマ」，新版会社法の諸問題151頁。西原寬一「株式の本質」田中耕太郎編「株式会社法講座第二卷」416頁。米津昭子「株主の議決權の特異性」慶應義塾大學創立百年紀念論文集第一部法律學關係334頁，島山恭一「フゥンス会社法にぉけ子資本多數決原則の形成と展開——－株－議決權原則の再檢討」早法59卷1、2、3號208頁）。

　　股份有限公司如果也跟其他團體組織採行人頭主義，組織成員每人一表決權原則的話，將無法誘引股東將大筆金資投資於公司。除此之外，實際上也存在諸多不利之事，例如，公開公司股東人數眾多、相互間信賴關係不易建構，若是不問持股數多寡，每一人一表決權，小股東聚眾成群聯合起來，很容易的就將大股東排除於經營權之外，形成出資少而人數多之小股東掌控公司的支配權，而可運用大股東的大筆資金之不合理現象發生。因此，股份有限公司創設每一股一表決權的制度，除保障大股東的權益外，同時也也維持住小股東的參與權，但主要是這制度有鼓勵股東大筆出資誘因之功效，可令公司募集資金更加方便。

## 三、股東之剩餘權人性

　　每一股一表決權之原則，是依據股東為公司利益之剩餘權人的地位，所賦予的權限，則是另一種見解（神田秀樹，「株式と社債」，竹內昭夫先生還曆記念，現代企業法の展開（有斐閣1990年），241

頁；藤田友敬，「株立の決議權」，法學教室194號，19頁；加藤貴仁，株立間の議決權配分（商事法務，2007年），67頁）。何謂公司利益之剩餘權，即將應支給之工資薪水、利息、交易款項等必要支出或債務，完全支付或清償完畢後所剩餘的公司利益，對於這剩餘利益的權利，稱之剩餘權，是歸屬於股東。股東基於剩餘權人之地位，透過表決權行使之手段，監督公司之其他利害關係人之行為，而確保其剩餘利益。在眾多公司利害關係人之中，剩餘權人則是公司利益分配的最後順位者。

　　對股東而言，公司利益的確保是最切身關係，也是最積極的，故賦予表決權以為監督，則是最能見效的方法。然而，股東之間表決權應如何分配呢？以剩餘權與表決權數比例分配，被認為是最合理而且有效的方法，亦即按持股數之比例來分配表決權數，結果導出每一股一表決權的原則。

　　在每一股一表決權原則下，公司控制權的取得，是以對公司出資越多，擁有之表決權數相形增多而達成，如此結果會導致最積極要促使公司企業價值提高之股東，會持有多數表決權以控制公司之良好現象。當表決權之行使，有損公司利益，會立即反映股價下降，股東自己直接受損。因此之故，表決權之濫用的危險性會遞減。同時，公司控制權人對於公司剩餘利益之比率越大，越能促使他為求公司利益提高，而正面的行使表決權。

## 第二節　一股一表決權原則之例外

　　公司法允許公司得以章程規定，對股份表決權作不同內容之限

制。對於股東會一切決議事項，均無表決權之股份，即爲完全無表決權股；僅對一定決議事項有表決權，或對一定決議事項之表決權行使有先後順序之分之特別股，亦即爲限制表決權股（公司法第157條第3款）。

有關股份表決權差異之內容，我公司法只認可對其決議事項能否行使表決權做差別待遇，而對於一般賦予多數表決權，或一定股數以上持股者之表決權數做上限或遞減式規定，則是不被認可。

公司法又因股東的屬性，而排除其持股表決權之行使，例如公司持有自己之股份，從屬公司持有控制公司之股份，以及被控制公司與其從屬公司直接或間接控制之他公司所持有控制公司及其從屬公司之股份等，其股份均無表決權（同法第179條），這是爲維持公司公正支配之目的所必須之規定。

以上無表決權股以及限制表決權股之股數，在決議通過否判斷之際，不得計入出席股數、贊成股數。

原則上在股東會召集時，對於持有無表決權股之股東可不爲通知。因此，包括股東會出席權、質問權等在內之股東會參與權，無表決權股之股東一切皆無；但如果以公司章程規定，賦予無表決權股股東之股東會參與權，係屬於公司自治範圍事項，應可爲之。

我國公司法2015年修正，在股份有限公司中，新設閉鎖公司制度。制度新創伊始，內容全篇空白，有待日益充實。即如閉鎖公司與公開公司如何區別？閉鎖公司之屬性爲何？以及閉鎖公司制度的特殊性能容忍（或放寬）到何種程度，亟需早日明定化。本書僅對表決權

部分，在此做簡單說明。

　　由於閉鎖公司帶有屬人之性質，而與唯有屬物性質之公開公司有所不同。其屬人之性質，則特別表現在表決權制度上，股東會表決權得因股東的屬性不同，而作不同待遇之章程規定，應該是被允許的（如日本会社法第109條第2項規定）。特別是中小企業的共同經營者間，併購企業的共同出資人間，以及創業時公司發起人間，對於這種制度的需求極高。我公司法既然已承認閉鎖公司，在閉鎖公司特性下，進而導入因股東的屬性而對其表決權數作不同之制度設計，以因應社會之需求。

## 第三節　表決權行使

## 一、總說

　　股東會上能行使表決權，原則是股東名簿上記載或記錄之股東，並出席股東會有表決權之股東為限。

　　股東會股東本人出席或委託代理人出席均可。但公司召開股東會時，得採行書面或電子方式行使其表決權，股東以書面或電子方式行使表決權時，股東不需要出席股東會。

　　股東表決權行使與否，如何行使，原則上股東自由判斷、自行決定。但是，在閉鎖公司，公司支配權不單純以資本多數決為唯一決定方法。股東之間相互締結表決權約束契約（Voting agreement）者常

有之（表決權約束契約類型不勝枚舉，如契約股東全體同意贊成，決議始能成立。聽從特定第三者的決定指示行使表決權之契約等等。表決權約束契約多數僅止於債權契約，但是少數將契約內容規定在章程上，追加章程拘束效力也偶而有之。章程上規定附加章程效力，但勢必公開無法保密，契約內容擬保密且效力不存疑慮時，則以債權契約為之）。如於公司合併時，二位出資比率不同之股東，以契約約定每位股東分配同數之董事選任權，即是典型例子。表決權約束契約，對當事人是有效之債權契約，違反契約行使之表決權，只要是該股東所行使，對表決權效力不生任何影響，僅僅構成違反債權契約，會有損害賠償之責任發生。

　　至於股東會表決權行使方法，法無規定，舉手、起立、投票、拍手或者「沒有意見」的呼聲等諸多方式都被採用，用何種方法行使並非問題的重點，而重要的是要能具體確認表決權多數決成立的事實。

## 二、表決權代理行使

　　股東在股東會行使表決權，以本人親自行使為原則，也容許股東委託代理人行使。由於股東廣泛分散在各地，為保障股東參與股東會之權益，公司法第177條第1項作此強制性規定，如公司於章程對股東表決權代理行使為禁止或不當限制之規定，是不被容許的（最有爭議性問題是，章程中規定代理人以股東為限之效力。公司法第177條第1項是強制性規定，具有絕對效力，任何限制均被排除，這是主張絕對無效之見解。但是，為防止股東以外之第三者出席攪亂股東會，保護公司權益的考量，認許章程之限制規定之有效說，是判例與學說之多數立場。近來，一般原則上認為限制有效之立場不變，但是，法人

股東指派職員爲代理人出席股東會，或住院醫病中的股東委託親族家人行使表決權也遭禁止，事實上係剝奪股東出席股東會之權限，顯然不當，鑑於此，主張如此特殊情況，應排除限制之外的見解被提出，即最新出現的限制性有效說，此說確實提高了限制有效的合理性。但是，不管是有效說或此說之限制性有效說，代理人限制的合理根據是爲保障公司權益，需舉出「防止股東以外第三者攪亂股東會」具體內容之實例。然而委託第三者爲代理行使時，受委託之第三人並非一概是股東會攪亂者，如此不分青紅皂白而一概限制，顯然過分而有不當侵害股東出席股東會之權利。又限制性有效說所主張應排除之特殊情況，如何明確界定也是另一項爭議的問題）。

表決權代理行使，股東於每次股東會，出具委託書，載明授權範圍，委託代理人，出席股東會（公司法第177條第1項）。如允許常任代理人，容易被現任經營者所濫用，以實現其長期操控公司之弊端，爲防止此情況發生而採一次性委任制。

一股東出具一委託書並委託一人爲限。委託書應於開會五日前送達公司，委託書重複時，以最先送達者爲準，但聲明撤銷前委託書者不在此限（同條第3項）。委託書送達公司後，股東欲親自出席股東會者，至遲應於股東會開會前二日，以書面向公司爲撤銷委託書之通知，逾期撤銷者，以委託代理人出席行使之表決權爲準（同條第4項）。

委託書重複時，應以後送委託書爲有效才合理，蓋後發之意思否定先發意思是已確立的推定法理。又委託書送達後，股東親自出席股東會時，應以委託書無效之解釋才合理，蓋本人優先於代理人爲當然法理。但是，我國公司法規定，委託書重複時，以最先送達者爲準。

又股東發送委託書後，欲親自出席，應於二日前以書面向公司為撤銷之通知，否則以委託書之表決權為準，均是悖離法理之規定，其目的不外是維護公司事務處之方便。

股東表決權委託代理行使是委託契約，委託人股東隨時都可以撤銷。委任撤銷的意思表示，是僅能向委任當事人（受任人）為之，按理不得對公司為之。但藉由公司轉達通知受任人撤銷，當然可行，因此公司僅僅是事務處理協助人，無權決定委任撤銷之效力。股東撤銷表決權代理行使之授權，但是未通知公司或未將委託書從公司收回時，除非公司為惡意，否則股東不得以委任撤銷對抗公司，以資保護公司之解釋為妥。

再者，依民法代理人也隨時都可以辭職而解約，極端來說，於股東會前一日，代理人撤銷委託也無不可，只是有否損害賠償責任問題而已。但是，基於一次性的表決權行使代理，以及積極性、集體性的委託書徵求行為之考量，放任受託人逕行輕率放棄受任職責是否可被容許，實有商榷餘地，為保障股東表決權行使機會，受任人自由辭任之解釋，應予否定比較妥當。

公司為確保股東會股東出席率考量，徵求委託書手法普遍被採用。股東會召集通知發送之同時，將委託書一併寄發，股東簽名蓋章後寄返公司，公司委由董事或心腹幹部為代理人行使表決權。此際公司回收多數是空白委託書，公司可依公司經營者之意思行使，容易形成公司操縱股東會之弊害。為除弊防害，委託書發送同時必須附上一定內容之議案參考資料，並且出具委託書時，必須記載表明對議案之贊成或反對。

　　公司組織性的對股東實施股東會表決權代理行使之委託書徵求時，公司本身不可為代理人代理行使表決權，是一般之解釋，蓋係觸犯到公司持有自己之股份禁止行使表決權原則之精神。因此，公司實施之委託書徵求行為之法性質，應解釋為表決權行使代理人仲介機能之媒介契約之邀約。依公司法精神，對公司實施組織性、集體性之表決權代理行使委託書徵求時，必須適當的提供資訊，股東依據提供之資訊，決定其意思表示，如實反映於股東會等等要求，勢所當然。因此在媒介契約之邀約以及代理關係構成過程上，公司法精神能反映到何種程度，仍是針對該問題作法解釋時的焦點。

　　公司徵求委託書媒介選任代理人之進行過程中，最具爭議的問題有二：其一，公司不對全體股東，僅對部分股東徵求委託書，是否可行？其二，股東寄回公司之被徵求委託書，公司竟不委託受任人（代理人），其行使表決權效果如何？

　　對於第一個問題，向來認為公司為其必要，以其必要範圍內實施徵求，並無不妥。蓋公司為確保股東會出席率以及議案決議成立，公司依實際需要實施，公司僅止於媒介關係並非受任人，同時，股東要不要委任，具有完全自由，均為主張贊成之理由。但反對者則謂，公司徵求委託書，對於一般股東具有保障表決權行使機會之公益性能，故應對全體股東實施徵求，始能符合股東平等原則之要求，因此只對部分股東實施，會構成決議瑕疵被撤銷之事由。以公司實施徵求之性質以及股東如捨公司徵求之方法，而自由選任代理人之管道，亦可完全暢行無阻，公司未對股東全面性徵求，應非違反股東平等原則之問題。

　　對於第二個問題，依法理論，公司徵求委託書僅是代理人囑託之

仲介，股東寄回公司之委託書，公司不交付所囑託之代理人，是媒介契約不履行問題，公司與當事人間會有責任問題發生，但不涉及表決權行使問題，亦不構成決議撤銷之事由。

如違反證券交易所公布的「公開發行公司出席股東會使用委託書規則」而實施徵求，依該規則規定其代理表決權不予計算，對股東會決議效力會有所影響，惟依表決權代理行使之委託書徵求，係為股東會決議前階段的事實行為，並非決議本身行為或方法，因此應不會構成決議瑕疵事由，此為學說與實務判例的一貫看法。

表決權代理在實際行使之際，常見之爭議性問題還有下列三項：

第一，委託人在委託書上已明示對各議案的贊成或反對意思表示，但受託人卻違背指示，為相反之行使時，表決權代理行使效力如何的問題。

第二，股東對表決權代理人為空白委託的許容性問題。

第三，委託人為表決權代理行使委託之際，未知議案（例如當場提出之臨時動議案），代理人如何處理之問題。

謹將上述問題逐一討論如下：

## (一) 違反委任人指示之表決權代理行使

委託書上明示議案贊成或反對之記載，是委任人與受任人間內部指示關係，違反指示行使表決權是受任人的任務懈怠，屬債務不履行，會發生對委任人負責任之問題，表決權行使本身之有效性，絲

毫不影響。違反指示之表決行使之有效論，是依據民法上理論，代理人與本人同樣俱有全權機能，股東的指示則是單純代理權內部的限制而已。但是，觀察實際委託書徵求，是在公司集體性、組織性情況下實施，與通常代理關係顯然有異，表決權之代理行使，委任人與受任人之間個人信賴關係，在公司實施時並不存在，因此股東與受任人間的關係，應建構在如何忠實反映股東意思為要務。受任人近乎「行者」，僅能機械性表示，委託書上贊成或反對記載限定代理權可為行使，違反指示之表決權行使，當然構成無權代理，此際委託書提交公司無適用表見代理之餘地，應是無效之推論結果，會構成股東會決議撤銷事由，但是違反委任股東指示之表決權數行使即使無效，其表決權數卻不影響表決結果時，就不構成撤銷原因或為法院依職權駁回之理由。

## (二) 空白委託書

表決權行使委託書設計有「贊成或反對」之記載欄，確保股東表明贊成或反對意思之機會，勢所必須。但是，被徵求之委託書股東並未記載贊成或反對，形成空白委託書，實務上一般將其解釋為，被徵求之股東委任徵求者為贊成或反對之判斷，委託書徵求規則對此空白委託書如何處置，隻字未提，留下全權委任代理人決定，使委託書有效化之解釋空間。

如前所述，時下盛行的組織性、集體性的委託書徵求實施，委託人與受託人間實質上無法建構信賴關係之基礎。基於此考量，制度設計上有必要維護股東的意思，能公正的在股東會反映。為此，委託書必須設有議案贊成或反對之記載欄，股東沒表明贊成或反對意思時，要認定各個議案為贊成、反對或棄權之表示內容，極力接近與書面投

票制度之做法相同，如此之規定或解釋方向，才是正當。

### (三) 對議事運作之有關議案、修正議案代理人的權限

　　議事運作過程上，當場需要決定事項頻仍發生，如對議案實施調查與否之決定，檢查人選任及延期、續行會的決定等等，均需要股東會當場出席之股東適時決議決定。

　　組織性、集體性所實施之委託書徵求，與股東個別選任之表決權行使代理人之性質旨趣顯然迥異，基於此，組織性、集體性徵求之委託書代理人，此時應視為「缺席」，不能對議事運作事項參與表決，被認可表決權行使僅限於股東個別委任之代理人，如此主張者有之（龍田節，会社法大要（有斐閣，2007版），187頁）。但是，表決權行使前提下，容許代理人參與議案審議，為理所當然，參與審議必須賦予一定程度的裁量權，才有實質意義，因此將代理人視為「出席」，才是正確概念。又委託書徵求被認定是代理權取得方式之一，則代理人之表決權代理行使之「出席」，不因徵求態樣之別而有所影響。總而言之，表決權行使代理人是股東會出席人，對當場有關議事運作之議案，代理人擁有裁量權參與表決之解釋為妥（今井宏，「書面投票制の2‧3の問題」，商事法の解釋都上展望（有斐閣，1984年出版），87頁以下）。

　　對於當場提出之修正案，又將如何處置呢？首先必須對公司或股東能不能在股東會當場，自由提出修正議案之先行問題加以敘明。股東會召集通知制度之目的，是讓股東在事前能徹底周知股東會召集目的以及預定決議事項，俾資股東表決權之行使能事先做充分準備，以期股東對議題、議案之性質內容、出席與否、贊同與否之正確判斷。

因此，即使召集權人或股東會本身於股東會當場將召集通知記載之議題、議案變更或追加等措施，應不被認可，構成決議得撤銷原因之一，這是一方的立場。而另一方則主張，議案之修正或撤銷是可能的立場。但是，後者立場支持者，並不認為可無條件任意修正或撤銷，必須從召集通知之記載內容推測可及之範圍，或修正目的、內容於開會前能讓股東周知之條件下，始能修正或撤回。從防止公司突襲性的提案致使股東措手不及反應之觀點，公司、股東議案修正動議之提出，應有制約存在，應是一般的理解，但是，制約的程度如何具體設定，則還欠缺社會共識。

建立在個人信賴基礎上，委任之表決權代理行使，代理人應有與本人同等的權能，對議事運作所生之議案代理人有對應權能之延伸，股東會當場提出之修正議案，代理人行使表決權，應該不會有所反對。但是，公司所實施組織性、集體性委託書徵求（證交所之委託書規則適用之徵求）之情況，則不可等同論之。基於證交法規定保護股東權益精神之推測，代理人對於修正議案擁有概括性的代理權，應以委託書上明文授權記載為限，空白委託書則無此授權，以此作消極性之解釋為妥。

# 三、表決權不統一行使

股東持有多數的股份，一股一表決權，因此擁有與股數同數表決權，其表決權不統一行使，例如有100股之股東，以60股投贊成，以40股投反對，如此不統一行使是否可行，學說素來就有爭論。股東一個人對一個決議案表現贊成、反對之對立矛盾意見，不合常理，不統一行使應屬違法之謂，採此否定見解，是從始以來通說的立場。但漸

次發現，一蓋視為違法，實與理不合，如受委託之股東，受託之表決權行使，固應遵照委託人之意見行使，但自己持有之股份表決權之行使，固不妨相反意見行使。近時，信託業務發達，信託公司受理證券管理信託，信託公司必須忠實遵從眾多委託人的指示行使表決權，贊成、反對投票之指使必然同時並存，信託公司只能不統一行使。跨國際證券投資，已是日常現象，ADR（美國證券信託）或EDR（歐洲證券信託）業務之繁盛，不允許不統一行使已非現實，因為時代發展情勢逆轉，肯定說站上主流地位。並且紛紛出現不統一行使法規化之立法。如日本1966年商法修改商法第239條之2明文規定，而且該規定內容原封不動由現行会社法第313條所繼承。

日本法規定內容大略為，股東的表決權不統一行使，滋生股東會手續複雜化，股東必須於股東會開會三日前，將不統一行使之意旨以及理由通知公司（但是非董事會設置公司可免除事前通知）（会社法第313條第2項）。沒有通知，公司可以據為拒絕理由。除了是為他人而持有股份以外之理由，公司可以拒絕其不統一行使。「為他人持有股份」之謂，是指股份信託、ADR、EDR等，名義上股東與實質上股東不同一個人，有必要聽從實質股東的意思，行使表決權之情形。

表決權不統一行使，國內少有人提及，更遑論我公司法之明文規定。已經日常化之跨國投資，國際間交互持股，伴隨著證券管理信託業務興隆，應具備的對應制度甚多，其中表決權不統一行使制度應是不可或缺之一，因此，及時修法或是學說解釋，肯認表決權不統一行使，已不容拖延。

# 四、利益關係股東的表決權行使

股東的表決權行使，除上述例外不得行使事項之外，再追加一項，對股東會特定議案有自身利害關係股東要迴避，不得加入表決（公司法第178條）。限制有自身利害關係股東的表決權行使，是為促使股東會的決議更公平、公正。所以公司以章程或股東會決議解除這個限制，當然不被允許。

反之，當有自身利害關係股東被排除該議案之表決，而其他股東卻趁機做出損害有自身利害關係股東之利益，若這種決議不被排除或阻止時，即可能發生侵害行為，該股東則可提該議案決議撤銷或變更之訴，以求利害關係之平衡，此為一般學說的見解（日本舊商法更以明文規定，商法第25條參照）。

對股東會決議事項，「有自身利害關係，致有害於公司利益之虞時」，是該條規定設定必須迴避之要件。「有自身利害關係」且「致有害公司利益之虞」二個要件俱全的要求。「有自身利害關係」之表現很模糊又抽象，要事先客觀的加以認定極為不易。一般法律對「利害關係」最嚴謹的理解，係決議通過，會特別取得權利或免除義務，相反的，特別喪失權利或負新的義務之謂。但是，該規定是以如嚴謹狹窄的解釋為足，無從探知，又以該條規定目的觀之，如此狹義解釋，是否妥當，甚有疑問。

「有自身利害關係」則應理解為，對此項決議，不是公司股東的立場，而是個人的立場所滋生的利害關係。股東會的決議是社團關係事項，決議結果對每位股東都會有多多少少的利害關係產生，但除此股東立場之利害關係之外，對個人本身也有可能產生特別利害關係，

即謂之「自身利害關係」。不以股東立場之利害關係考量，僅以個人之權利義務得失考量，判斷表決權行使，亦即基於自身利害關係之表決權行使，是法所不許，令其迴避，不得加入表決，為預先防止弊端發生，是預防措施之規定。

股東表決權實質上是公益權並非自益權，表決權行使必須以公司社團關係之利益行使；顯然構成權利濫用之嫌，當然要被禁止。依此觀之，該條係屬當然規定。問題是條文加上「致有害於公司利益之虞」要件。表決權本來就要以公司利益之公益而行使，反之，既然是基於自身利益行使，公益被排擠，有害於公司利益是必然結果。追加這個要件是多餘之舉，此故，實務上對本條之適用，只提及「自身利害關係」之要件，而忽略「致有害公司利益」之附帶要件（大理院11統字第1766號）。

但是追加「致有害於公司利益」要件，不僅是多餘之外，亦引發下述嚴重問題。蓋本規定原本是以防止不公平、不公正決議成立為立法目的，追加「致有害於公司利益」的結果，明顯變為保護公司利益不受侵害，成為預防侵權行為之措施規定，導致制度本身變質是問題，適用範圍極端退縮也是問題。

綜上所論，本條文規定迴避表決權行使，以「有自身利害關係」之單一要件判斷已足。而「自身利害關係」也就是個人的特別利害關係存在，因此，針對各個具體議案內容，依這個基準方式，判斷特定股東有否應迴避表決權行使。以下舉幾個具體議案，分析論述之。

首先，對董事、監察人造具簿冊或報告責任之審查議案，與審

核董事、監察人造具簿冊或報告之議案檢討。以「自身利害關係」要件判斷，前者責任之有無對當事人是直接具體的利害關係，董事、監察人之表決權不得加入表決，後者則完全無個人的利害關係，董事、監察人之表決權行使不必迴避。再以維護公平、公正決議爲制度目的之觀點來看，前者，審查對象是董事、監察人，因此與議案有特別關係，更加上上述的特別利害關係，當然要迴避無疑，後者審查對象是董事、監察人之業務行爲結果，董事、監察人仍然是當事人，雖然無特別利害關係，但仍然存在著特別關係，惟已無自身利害關係的牽制，也就無不公正、不公平行使之虞，所以也就無須迴避。但是，財務報表或盈餘分派之承認議案裡，含有董、監事獎金分發案時，該部分董、監事俱有自身利害關係，不得加入表決。

關於職員獎金之決議案，則凡是股東充當職員得受獎金之分配者，也就自爲有特別利害關係，不得加入表決。

最需要分析說明的是董、監事的選任及解任議案，對於選任議案會議，董、監事可以加入表決，反之，對於解任議案，該當董、監事必須迴避，不得加入表決。前者，董、監事選認議案，被提名爲董、監事候選人，法律上僅僅是候選人事實，未曾有任何關係存在，近一步選任議案通過被選上，董、監事地位也還沒取得，該地位之取得是基於委任契約簽訂，所以依然無任何關係發生，所以被提名之候選人無須迴避。至於董、監事解任議案，是解任既有的地位，對董、監事當事人利害關係甚鉅，有自身利害關係不在話下，又是議案審議對象之當事人特別關係，不得加入表決是當然之事。

最後，公司合併議案又如何？甲公司與乙公司擬將合併，乙公司持有甲公司的股份是甲公司的股東，或者乙公司的股東A，同時也是

甲公司的股東情況下，乙公司以A股東，對於甲公司股東會審議與乙公司之合併議案，可否行使也是問題。首先，對A股東的立場來說，要是沒有其他特別情形，公司的合併是間接關係，效果是直接及於公司，不直接及於A股東，對A股東不形成自身利害關係，所以不影響A股東的表決權行使。但是乙公司的立場不能同論，乙公司本身是合併當事人，同時對合併條件與甲公司是對立關係，有自身利害關係一目瞭然，應是不得參與表決。但是，合併與營業讓渡性質不同，起初談判合併條件時，公司雙方是對立，合併成立後，對方公司及股東全被吸收合爲一體，對立狀態一舉解消。換言之，合併的組織行爲，由對立走向融合的特殊現象，將各個自身利害關係化解歸零，因此之故，乙公司以及A股東均可加入表決。

對於股東會決議事項，有自身利害關係之股東，不得加入表決，委託代理人行使也同樣不得加入表決，受任爲代理人，行使他人之表決權也同樣，蓋因有自身利害關係是屬人性質，地位變動，屬性不改，致使公司利益受害之虞繼續存在。

有自身利害關係之股東不得加入表決，立法目的在防止不公平、不公正的決議成立，是一般性的事前預防規定。但是，從以上的析論，已明瞭「自身利害關係」是極爲模糊的表現，是很不明確的要件設定，殊難事先客觀加以認定，致使預防效用不彰，又追加「致有害於公司利益之虞」之要件，導致變成專爲保護公司利益之規定，適用範圍極端縮小，本規定的效用幾乎不存。解決方法有二：其一，將制度加以更具體更明確規定，以便容易適用；其二，不問股東的自身利害關係，任其行使表決權，但如發生結果不公平，不公平之決議成立時，由其他股東提起撤銷決議或變更決議之訴，採事後具體糾正之策。後者，是值得加以認眞探討之立法論，日本現行会社法拒絕承繼

舊商法規定，改採事後糾正制度，可供參考。

## 五、表決權行使的約束契約與信託契約

　　股東會表決權行使限制的最後一個問題，所謂表決權行使約束契約與信託契約。這個限制的性質不同於上述各種限制，股東相互間或股東與第三人間訂立約束契約或信託契約，約定表決權行使方向。例如約定對特定議案之表決投反對票之類的契約。對這種契約，向來有認為以表決權性質係屬人格權，不得以契約拘束之理由，視為無效之見解；也有以表決權行使應依股東意思自治原則所為，奪取自立自由判斷之契約，是否有效，深為質疑之見解。但對表決權行使方向的約束，並非意思自主判斷的否定，先有表決選項的自主決定，再行約束，而此約束更是自願的債權契約，否認約束契約無效，似乎也不成理由。因此，一般通說及判例均加以肯認，外國甚多立法例，認許這種契約，歷史已久，我國公司法於2015年公司法修法，新創閉鎖公司制度時，同時對閉鎖公司明文承認表決權行使的約束契約以及信託契約之有效性（公司法第356條之9）。

　　2018年公司法大修改，為使非公開發行公司之股東，得以協議或信託之方式，匯聚具有相同理念之少數股東，以共同行使表決權方式，達到所需要之表決權數，茲以保障少數股東之立法理由，增訂公司法第175條之1，繼上述閉鎖公司之後，對非公開發行公司全面開放，認許了表決權約束契約以及信託契約，以明文規定方式，終結了歷時已久的學說爭論。

　　惟對於公開發行股票公司，有鑒於股東會委託書價購或有償文

付，在國內橫行成習，證券交易法明文加以嚴禁，仍然不見效果，若又開放約束契約或信託契約，或將助長惡習更加嚴重，且又考量股務作業亦有執行面之疑義等政策性的理由，明訂於同條第3項，暫時排除公開發行公司之適用。

但依通說或判例所示，表決權約束契約以及信託契約，理論上原本就是有效契約，法明文加以承認，僅是對於當然事理之明文化，對契約效力不生任何影響，將公開發行公司排除適用之規定，形成虛文。

股東會委託書有償交易之違法行為，必須糾正阻止，是當前立法急務之一，但是對與委託書相去甚遠之約束契約、信託契約制度做任何規範，均是徒勞無功之舉。務必走正道，對症下藥，直接正面對委託書制度做規範，方能收立竿見影之效果。

表決權約束契約當事人，如違犯約束內容行使表決權，會發生當事人之間債務不履行責任問題，但是無論如何，對公司而言，該股東表決權行使之效力完全不受影響，蓋因公司不是約束契約當事人，置身於外，當然不受約束。

對於信託契約也同理，公司可不聞不問或置之不理，公司不採不理，則信託契約意義全失，為此，公司法規定（第175條之1第2項），股東非將書面信託契約、股東姓名、信託股份總數等相關資料，於股東會開會一定期間送交公司辦理登記，不得以其成立股東表決權信託對抗公司，必須經登記對公司方生拘束力。

表決權約束契約以及信託契約之效力，雖然已獲法明文正面承認

其有效性。但是契約之目的及方法有違反法令、公司法制本質以及公序良俗之情事者，當然無效。

## 第四節　書面表決權行使制度

## 一、總說

公司經由董事會決議於召開股東會時，得採行以書面方式行使其表決權（書面投票），其行使方式應載明於股東會召集通知，並將參考書類以及書面投票用紙（表決權票）與召集通知一併寄送股東，股東將表決權票必要事項填妥，並於股東會開會二日前送達公司，以完成表決權行使。以書面方式行使表決權之股東，視為親自出席股東會，但就該次股東會之臨時動議即原議案之修正，視為棄權。

書面投票制度是為了改善、彌補委託書徵求，以及表決權代理行使制度之重大缺陷所新創之制度。先行之委託書徵求並未強制必須對全體股東實施徵求，致使股東表決權行使機會之確保無法落實，更嚴重的問題是委託書上股東的贊同與否之意見已明示記載，但代理人卻作與股東意思相反之表示，所產生背叛行使，或是公司方面之代理人，對於反對公司提案之委託，恣意排除不接受。

1980年代日本為解決如此法治欠缺之重大問題，經過激烈討論後，結果竟然不對委託書徵求、表決權代理行使之制度加以改善，意外的新創出書面投票，即排除代理人介入，股東不出席也能將自己的意思直接反應之表權行使之制度。書面投票因此可謂日本首創，英、

美及歐洲主要國家至今還未見有此制度之規定。

　　我國公司法於民國94年修正時，應是仿效日本法，新加入公司法第177條之1及第177條之2條文，導入書面表決權行使制度。

　　書面投票制度之主旨，直接反映股東意思，制度行使過程或結果，違反股東意思之瑕疵，一律解釋爲股東會決議撤銷之事由，與代理行使瑕疵之效力迥異。據此，代理行使所存在諸多問題大部分獲得改善，股東的意思直接反映的管道已然開通。但是，將書面投票與代理行使兩種制度相比較的話，由代理人媒介行使表決權時，能對會場上議論、審議過程中所獲得資訊作彈性判斷反應，而書面投票僅能依公司之股東會通知所附參考資訊，於股東會前即作判斷決定，無法從議論、審議過程獲得更多補充資訊，再作正確之判斷決定，對於會議當場所提出之動議、修正案都均無對應機制，這是書面投票最大的缺點，也無法完全取代代理行使制度。

　　書面投票與委託書徵求，兩者極爲接近，酷似內容甚多，尤其公司組織性的對全體股東實施徵求時，兩制度幾乎是除名稱之差別以外，殊難找出不同點，公司實施全面委託書徵求時，有必要重疊再採行書面投票嗎？反之，採行書面投票者亦然。爲避免兩種制度重疊，徒增實行之複雜與混亂，確有必要檢討只允許擇一實行之。

## 二、書面表決權行使之方法、期限

　　依公司法第177條之2規定：股東以書面方式行使表決權者，其意思表示應於股東會開會二日前送達公司，意思表示有重複時，以最先

送達者為準，但聲明撤銷前意思表示者不在此限。股東以書面方式行使表決權後，欲親自出席股東會者，應於股東會開會二日前，以與行使表決權相同之方式撤銷前項行使表決權之意思表示，逾期撤銷者，以書面方式行使決議為準。股東以書面方式行使表決權，並以委託書委託代理人出席股東會，以委託代理人出席行使之表決權為準。茲就書面表決權行使之方法與期限分析如下：

## (一) 方法

書面表決權行使方法，公司法隻字未提。書面表決權行使對公司而言，是組織性、集體性之行為，行為方式型態勢必一律統一由公司做事務處理，才能應對自如。首先，「表決權行使書面」公司必須統一印製，股東使用公司交付之書面，將必要事項記載完備於股東會開會二日前送達公司，不可使用私製書面，應如此解釋為妥。以表決權書面行使之表決權數，算入出席股數。

有關書面投票之瑕疵，視為股東會召集手續或決議方法的瑕疵，構成決議撤銷之事由。委託書代理人違背股東指示行使表決權或不行使之情況，很難直接反映到效力問題上，使其無效或可得撤銷，是向來通說的見解。而書面投票瑕疵之效力明確化，可謂此制度之重大改善。

## (二) 期限

書面投票行使期限，原則上是股東會召集通知發送日迄至開會二日前之期間。開會二日前之該當日，是否為公司之營業日則一概無關，而且是該日夜晚12點止為期間，不受公司營業時間限制。

　　逾期送達之表決權書面，公司當然可以將其作廢或置之不理之處置，反之，如果公司不拒絕，仍然使其表決權行使有效，是否容許公司如此處理呢？有必要加以探討深究。通說見解認爲，在無不合理理由以及無差別之條件下，公司自願加以有效處理，並非不可。反之，持反對見解者認爲期日之設定是要股東周知且遵守，公司輕易自廢其功，顯然不爲制度旨趣所容許。本書認爲，書面表決權行使之期限，不外是爲便利公司事務處理之目的而設，如是則延遲送達的表決權行使書面，而公司事務處理無障礙無困難時，將股東之意思表示儘量直接反映在股東會議上，應是合乎制度之旨趣，可以肯認，也不需要以有合理之理由以及無差別條件下所爲爲限。

## 三、書面表決權行使之效力問題

### (一) 表決權行使書面表示之問題

　　表決權行使書面上應當對各個議案都設有「贊成」與「反對」專欄，讓股東「打勾」或「劃圈」作爲贊成或反對之意思表示。股東在書面上之記載表示會有如下問題發生：

　　1. 對議案全部或一部分空白沒有表示意見。對此情況，公司得事先於表決權書面記載規定，如未「打勾」或「劃圈」者，以贊成、反對或棄權之一種處理，也即推定（視爲）文義之記載。

　　2. 表決權書面有股東某些記載的意思不明。這種情況，在不與股東意思矛盾下，儘可能判斷推測出股東意思，使其表決權行使有效化，是一般共有的方針。例如贊成或反對欄有劃圈「○」或打勾「✓」以外的記號，可以研判出其真意時，可認定其表決權行使有效。但是，記載表示確實無法判讀或內容有矛盾時，則不能以有效表

決權行使處理。而不能以有效表決權處理之書面投票，其表決權數不能計入贊成之表決權數，但有(1)可以算入出席權數，(2)不可計入出席權數之兩種不同見解。兩者看法均合情合理，也難分優劣，故公司可任選其一而從之，但必須一以貫之。

3. 贊反、反對以外的意思表示之記載。表決權書面上，除贊成與反對欄以外，當然也可設置棄權欄。但是，沒有特別設置棄權欄時，股東在書面上有棄權或不行使之記載表示，其意思表示應是有效。棄權之表示時，其權數不計入贊成權數，但算入出席權數。不行使之表示時，出席權數也不得計入。再者，可以對全部議案一律棄權或不行使行使表示，也可以選擇只對特定之議案或部分議案行使。

## (二) 重複行使問題

表決權書面複數行使，或者書面方式以及電子方式重複表決權行使，而其內容是對立或矛盾時，應如何處理呢？書面投票與電子投票重複，或是電子投票重複行使之問題，將留待電子投票專章（參考本書第103頁）再詳加論述。

公司法規定股東以書面或電子方式行使表決權者，意思表示有重複時，以最先送達者為準（公司法177條之1第1項）。此規定所指意思表示重複，書面投票之重複，電子投票之重複以及書面、電子投票之重複均適用。

意思表示重複之情事，在社會上處處有之，也時時發生，沒什麼稀奇也非特別問題，向來都以時間先後為判斷基準，即後到達者為有效，同時到達時，則以後發送者為優先。此判斷基準仍立基於後發之意思是新意思，新意思蘊含否定撤銷先發之前意思，是人間社會的常

理，即使無明示否定前意思，而推定撤銷前意思，也是合情合理。我國公司法竟然明文規定，以先送達者爲準，也杜絕意思表示之修改、變更正當途徑，顯然是違反常理、背逆正道之規定，其意何在？

公司法又附上，「但聲明撤銷前意思表示者，不在此限」之但書，顯然還存有尊重後意思可推翻前意思之常理，即使如此，對於無特意聲明者，何以不能以推定處置之。蓋重複行使之事項，原本即是很平常之事，也非重大問題，委由公司自治處理，即公司於表決權書面或召集通知事項上，記明相關處理辦法，或按常理推定後到者爲有效即可，何必動用法條規定。又按我國公司法如此規定，依然無法解決重複意思表示同時送達之問題，也未規定當無法判別送達之先後時要如何處理。此際，本條文規定已技窮術盡，無能應對，還是得求助於常理解釋，同時到達之意思表示視爲同一個意思表示，如內容彼此相同時，當然有效，應沒有問題。如果彼此內容對立或矛盾時，則是意思表示內容不明確而無法確認，當以無效處理。

通常書面投票會重複行使，是股東遺失而請求公司重發書面時發生的情形最多，公司重新發送書面給該等股東時，應於該書面上註明「重發」字樣，如公司俟後收到重複之書面投票時，應以重發書面之行使爲準。

## (三) 委託書與書面表決權行使重複問題

股東以書面方式行使表決權，同時或之後又以委託書委託代理人出席股東會，兩者重複時，該如何處置，我國公司法規定，以委託代理人出席行使之表決權爲準（第177條第2項、第3項）。

　　書面投票是爲股東不出席股東會而準備的制度，倘若表決權書面已送達公司之後，股東有意出席，則已送之表決權書面立即失效，因爲制度存在前提已消失，這不限於股東親自出席，委託代理人出席亦同，因此，我國公司法該條項之規定極爲合理。但是，該規定對於委託書送達後，再提出表決權書面之時，是否也同樣適用，有必要檢討。後送表決權書面含有撤銷前送委託書意思，故認爲應以表決權書面爲優先之見解，有相當之說服力。但是，表決權書面送達委託代理關係迅即被撤銷之解釋，顯然對撤銷信息無法獲知之委託書代理人或委託書徵求者，是出其不意的突襲，爲保障代理人、徵求者之地位，將這種情形解釋爲該條項規定適用範圍，並無不妥。

　　但是對該條文第2項之規定，則存有疑點。股東先以書面行使表決權，事後欲親自出席股東會者，應於股東會開會二日前，以與行使表決權相同方式撤銷前項行使表決權之意思表示，逾期撤銷者，以書面方式行使之表決權爲準。在同條第3項明明規定不經撤銷委託書優先於表決權書面行使，爲何當股東親自出席時，非經撤銷則無法否定書面表決權，竟將股東親自出席之功效貶低至不如委託書代理人，其理何在，令人費解。或有人認爲，蓋若於接近股東會開會時，仍容許撤銷已行使之表決權，即須重行計算表決權數，增加作業困擾，係爲避免服務作業之不便與爭議，故作如此規定，以利實務運作。惟僅以實務作業問題之如此理由，即能立下該條項硬性規定，殊難服人。股東作爲會議體之眞意，係在於出席股東相互表示意思與溝通，各股東基此做成最後之表決權意思表示，對該條項顯然是牴觸股東會作爲會議體之本意規定，學者（林國全，「以電子方式行使表決權後親自出席股東會股東之表決權」）對此提出之批評係切實又中肯。爲此，主管機關對此僵硬規定做以下彈性（軟化）之解釋：

1. 逾期撤銷書面投票或電子投票而股東親自出席股東會，可於股東會現場提出臨時動議。該股東就現場提出之臨時動議，得行使表決權（經濟部101年2月24日經商字第10102404740號函）。上開所稱得提出臨時動議、得對臨時動議行使表決權，乃因臨時動議係開會時臨時提出，係該股東原已行使過表決權以外之議案，該股東事先並未行使過表決權，自可在現場行使表決權。又該股東既已於股東會開會前，以書面或電子方式行使表決權且未撤銷意思表示，則就原議案自不得提修正案，亦不可再行使表決權，蓋原議案之修正動議仍為原議案之延續，故有禁反言之拘束。

2. 第177條之1第2項但書所指「就該次股東會之臨時動議及原議案之修正，視為棄權」，應限於撤銷該書面或電子意思表示之股東，嗣後並未出席股東會者。

3. 第177條之2第2項後段規定，以書面或電子方式行使之表決權為準，其寓含「逾期撤銷股東仍可出席，僅其表決權行使以書面或電子為準之意思」（經濟部101年5月3日經商字第10102414350號函）。

## (四) 撤銷與再重發請求

股東書面投票意思表示送達公司之後將其撤銷，該股東可否請求公司重發表決權書面？股東填寫表決權書面時，內容變更或書面廢棄可否請求公司重發？向來一般的解說，以考慮公司事務處理以及費用負擔，一再要求公司重發，公司應當沒有義務對付，當然公司是可以拒絕。但是，也會有認為在電子投票方式場合，股東在螢幕上可以反覆操作行使，而書面投票則只限一次行使，顯失均衡，而持公司應重發書面之看法。但是，電子投票與使用紙張之書面表決權行使性質不同，電子投票不發生公司負擔問題，因此本書認為，對於上述之目的而請求公司重發書面用紙，公司可以不予採理之說為妥。實務上，股

東的表決權書面遺失或未送達之理由，申請公司重新補發時，則公司
應再重發。

## (五) 臨時動議與原議案修正問題

　　書面投票是為沒法出席股東會之股東，能直接反映自己的意思
表示而設計的制度。又可防止表決權代理行使代理人之越權與濫權問
題，是其優點。但是，事前無法預知會議場所提臨時動議或原議案之
修正，本質上無彈性窮以對應。對此問題如何處置，一般解釋上，將
書面投票表決權數視為缺席或棄權方式處理。如以缺席處理書面投票
數不計入出席數，若以棄權處理則不計入贊成權數。基於為防止少數
出席股東之輕易決定，以及出席率不足引發流會之弊害，似乎採棄權
之措施為優。我國公司法規定以書面方式行使表決權之股東，就該次
股東會之臨時動議及原議案之修正，視為棄權（公司法第177條之1第
2項），明文規定以棄權方式處理，應是作如此考量。

　　違背股東本意行使表決權以及書面投票沒有正確反映在議案表
決，是書面表決權行使容易發生的問題，為防止制度瑕疵之發生，確
保股東會決議之適法性、公正性，有必要將表決權行使書面之資訊予
以公開透明化。對此，日本会社法即明文規定，公司應於股東會日起
三個月，將股東提出之表決權行使書面備置於公司所在地，於公司營
業時間內供股東查閱、抄錄。如同委託書制度要求公司備置義務及供
查閱義務，我國公司法確有仿效規定之必要。

## 第五節 電子方式表決權行使（電子投票）制度

### 一、總說

　　書面方式行使表決權（書面投票）制度之外，我國公司法也並列認可公司採行電子方式行使表決權（電子投票）制度（公司法第177條之1）。由於IT技術的急速發達普及，公司法制也得與潮流亦步亦趨，跟上時代。有關公司書類電子化的改革，電子投票制度也是其中一環，也是新創的制度。我國公司法導入該制度之際，附上一則現實修改之理由：為解決上市櫃公司同日召開股東會，造成大部分小股東喪失自身權益問題，我國應透過落實電子化通訊投票制度來保障投資人權益，進而健全市場發展。不過，多數公司同日召開股東會，股東分身乏術，多數股東之股東會出席全被剝奪之問題，以書面投票制度即能充分應對，非電子投票制度的獨占機制。以強調這個理由為據，公司法仍規定，「證券主管機關應視公司規模、股東人數與結構及其他必要情況，命其將電子方式列為表決權行使管道之一」（第177條之1第1項但書），以公司法立法授權證券主管機關能強制公司採行電子投票制度。

### 二、電子方式行使表決權之方法、期限

　　電子投票與書面投票一樣，由董事會決定採行電子投票，其方法應載明於股東會召集通知，並將議案參考資料一併寄送股東，電子方式行使表決權方法，公司法沒有作更進一步規定，實務之細節詳述如下：

## (一) 方法

　　所謂電子投票，是順應時代而產生的新式投票方法，但是公司法沒有具體規定，僅於立法理由中提及應依電子簽章法規定之電子文件方式爲之。

　　電子簽章法第2條第1款規定，電子文件：指文字、聲音、圖片、影像、符號或其他資料，以電子或其他以人之知覺無法直接認識之方式，所製成足以表示其用意之紀錄，而供電子處理之用者，並可於日後取出查驗，且足以辨識及確認是由何者所行使者即可。因此電子投票之行使，只要符合電子簽章法所規定之電子文件，並依公司法第177條之1項將電子投票行使方法載明於股東會召集通知即足。其餘均與書面投票制度同，於此不贅。

## (二) 期限

　　攸關期限的問題，在前面書面投票章節所論述內容，全部可適用於電子投票之場合。只是，電子投票與書面投票兩者相比，電子投票表決一經行使，瞬時立即到達公司或股務服務代理機構（股東名簿管理人），書面投票因郵寄等原因，容易引發送達不確定問題，而電子投票則是極端少見，因此在相關問題之解釋上，就無須依照書面投票般彈性應對。但是，電子投票也有罕見的例子，例如在行使表決權期限屆滿之前，網路突然發生故障，致使部分股東無法使用而逾越期限，此際爲求盡可能地反映股東之意思表示，對於期限後才送達的表決權行使，公司放棄硬性死板之無效認定，而改採以有效之彈性處理措施，應可被允許。

# 三、電子方式表決權行使之效力問題

## (一) 表決權行使內容不明確之問題

　　電子投票是通過螢幕顯示行使，不如書面投票以紙張記載行使之自由度。因此，表示內容不明確的問題，比起書面行使會少很多。例如，多餘記載或欄外記載之問題，透過欄位自動檢核技術與提示功能，幾乎不會發生。倘若還有表示內容不明確之問題發生，則可比照書面方法行使時的問題作同樣處理。

## (二) 重複行使問題

　　複數的電子方式行使表決權，內容對立時，如何處理？又電子方式以及書面方式兩者都行使，而兩者內容對立時，當如何處理？我國公司法規定，意思表示有重複時，以最先送達者為準，對此規定是否妥當之論評已於書面投票章節中述明，在電子投票時，也同理適用。惟電子投票的情形，除非通信障礙發生，表決權行使立即同時送達公司（受信者のサーバ紀錄上），複數電子投票先後不明或重複送達之事，幾乎微乎其微。

　　問題是電子投票與書面投票重複行使時，即使書面投票先行行使，後行的電子投票，會趕過書面投票而最先送達的可能性極高，將導致以電子投票為準的結果。

　　在檢討電子投票與書面投票重複行使問題之同時，應考慮公司可否同時併行採用電子投票以及書面投票兩者呢？

　　書面投票制度於1981年日本首創，相隔二十年於2001年才又創

出電子投票制度，電子投票導入之初，在日本對無法出席股東會股東意思，不由代理人媒介，直接反映股東會之書面投票已施行很久，一言蔽之，電子投票是將先行書面投票制度電子化，依據書面投票制度之書面方式，改用電子方式而已，內容幾乎一致不變。兩制度近乎重疊，則兩者同時採用之必要性並不存在，應擇一採行即可。觀之我國公司法第177條之1「……得採行以書面方式或電子方行使表決權……」之規定，似乎是採選擇性之規定。但反觀社會現狀，無法以電子投票之非電子化市民依然多數存在，電子方式完全取代書面方式，確實會造成罔顧這批人的權益，因此，最少在相當一段期間內，保留書面投票制度與電子投票制度兩者併存採用，較能擴大股東表決權之行使機會，乃為上策之計。

委託書與電子表決權行使重複問題，電子投票與書面投票同樣是為股東不出席股東會而準備的制度。倘若電子投票已行使之後股東有意出席股東會，已送達的電子投票意思表示立即失效，因為制度存在前提已消失。因此，我國公司法規定，以委託書代理人出席行使之表決權為準，極為合理。但對股東親自出席之表決權行使為何不得優先之疑問，已在書面投票章節之同樣問題中做了論評，亦可適用在電子投票制度上。

## (三) 臨時動議與原議案修正問題

對於這個問題，前面在書面投票章節所作之論述，同樣全部均適用在電子投票，於此不再贅述。

## (四) 電子紀錄變造或頂替問題

電子投票的紀錄被偽造或變造，或其他人違法頂替股東本人行

使電子投票之問題。違背股東本人之意思之表決權行使，是決議撤銷之理由，不論是電子投票或書面投票也都有同樣之效力。但是，即使這種行為發生，公司採行合理制度運作處理，以盡到善良管理之注意義務程度，通常是不會影響決議效力。具體而言，股東本人的確認方法，實務上相當普及的方法，使用公司配給股東的ID密碼，公司謹慎加以辨認即足已，不必要求股東使用電子簽名。再者，關於電子紀錄資料之管理，已盡到一般安全管理義務已足。而對於可能之疑點，實行了必要的檢點，算已盡責可也。如此盡責注意，不幸依然發生上述違背行為，結果不對決議成立有所影響時，法院將裁量駁回撤銷股東決議之訴。

　　還有一項可能發生之實例，即電子紀錄消失事件，大量消失會導致決議無法成立，消失數量不影響決議成立時，也僅是法院裁量駁回撤銷之訴，但是消失之表決權數不明無法確認時，出席股數無法確定，結果影響決議是否成立，也無法確定。電子投票之有關紀錄資料，公司負有備置以供查閱之義務，與書面投票同理，可參閱書面投票章節所述。

第七章

# 股東會的議事

## 第一節　總說

　　股東會由主席就任宣布開啓，進行報告事項之報告，決議事項之表決，直到決議成立，最後宣布散會，這一連串過程稱之股東會的議事進程。決議事項進程環節更多，議案提出、議案說明、股東質問與討論，最後進行表決，決議始完成。議事過程之間，對於調查事項需要選任檢查人調查，或議事運作上需要會議延期，或會議原排定之有關決議事項，被其他決議事項以插隊方式的突然加入，更加突顯出股東會議事環節的變化多端且繁雜。股東會議事之進行，頻頻發生違反法令或欠公正之情事，是決議方法之瑕疵，構成股東會決議得撤銷之事由。

　　防止議事弊端之發生，梳理議事進行之順暢，以法規範方法是選項之一。但是，公司法立法者考慮到如以硬性統一之規定，無法應對彈性又多樣化之公司型態，且有礙公司自主自由之發展，因此公司法對股東會之議事進行未做任何規定，意圖放任公司自治（由章程或內部規定議事規則來規範）或適用會議體之一般原則與慣例。

　　不實際集會的書面股東會，不僅不用設置會議場所，股東除了不必現場出席之外，爲了尋求贊成或反對之比率作決定，所有的會議程序與議事進行全部省略，僅存表決權行使（書面投票）一個動作而已；當會議的核心意義：與會者的質疑、說明、答辯與討論，集思廣益以形成共識等機制，全部被架空，此情況下，可否視爲會議，甚爲可疑，或謂之會議虛擬化可也。

# 第二節　會議主席

## 一、主席產生

　　公司法規定，董事長對內為股東會主席（公司法第208條第3項）。按會議體之一般原理，會議主席是由會議當場選出，先由會議召集人主持選舉會議主席事宜，俟主席選出，就位並宣布開會，議事才正式進行。在國外公司之慣例，為省略選任主席的手續，公司會事先在章程訂定主席，如章程沒有規定時，仍然由會議當場選出；股東對於章程所規定之主席提出不信任案，而決議另選主席之事也常有之。我國公司法以法定董事長為股東會當然主席，刻意排除公司之自治，此乃因早期股東會開會時，由於派系對立，為爭權奪勢而發生劇烈抗爭，主席的誕生常難產而延誤開會，甚者導致會議無法順利開成，有鑑於根除我社會上深層弊病之必要，乃做此規定。

　　少數股東或過半數股東之召集則由召集人擔任主席，召集權人有二人以上時，則互推一人擔任之。

## 二、主席權限

　　主席的職責是議事公平，為達成順利運作之目的，主席必須要維持會場秩序並作議事整理，對於不聽從者或故意擾亂秩序者可施發命令指揮，加以退場措施。主席具體權限略述如下：

## (一) 主席的議事整理與會場秩序維持權

主席的職責是在合理的時間內，以有效率的議事運作，適法公平的審議，因此主席被賦予議事整理權限以及會場秩序維持權限，是會議體的一般原理，非法定權限。

會場秩序維持權限是主席的權限，同時，公司是否也有此權限，則是有待釋明之問題。在不特定多數股東出席之股東會，出席者資格之審查確認，有秩序地引導股東進場入座；又為了會場安全治安以及防止妨害議事之計，設定禁止攜帶進場的物品，並對入場攜帶物之檢查，這些都是會前必要措施，也是公司的責任與在裁量下所採取之作為，是會議之召集人——公司在開會前的義務也是權限。但是，關於會議是否允許旁聽的決定、警衛人員的配置以及警察當場介入的請求，則是主席的權限。我國公司法規定董事長是股東會主席，同時也是公司的代表機關，在此種制度下，主席與公司事務執行權限的區分，已無任何實益存在。股東會要順利召開完成，會場布置，股東招待，公司動用大批人力、物力支援是不可或缺要素。

主席職責的核心，當然是使議事能順利圓滿地進行。會場的秩序維持，不外乎調整議事順利進行條件，議事整理也是議事進展的一部分，因此，概念上是有會場秩序維持權與議事整理權二種權限，但是二者實質上難以區分，實際上也無區分的實益。

主席的職務是從宣布開會那一刻開始，根據工作人員所呈報之出席狀況已達到法定出席率的門檻後，主席才宣布開會。股東會議事則是按照事先排定之進程進行，但是，如有合理的理由，主席重排審理也非絕對不可；一般實務上，主席諮詢股東會同意而行之，但是即使

沒有徵求股東會同意，也不發生不公正的情形，因此，縱使主席逕自變更議程，也不會構成決議瑕疵。至於議事之審理方法，採全部案件同時一併審理之後，再進行各案表決也可行，當然最好徵求股東會的同意，如不徵求股東會的意見，主席可以獨自裁量決定。

議事審理開始，對於股東事先提出的書面質問之問題，可採逐一回答或統一回答方式均可。對於當場要發言之股東，需先獲得主席的許可，始能發言，並由主席指名（通常是提案人、公司董事或內部適當之職員）回答所提問題。設有第二會場時，股東發言機會要能確保均等，否則會是決議撤銷之事由。依股東提案權行使所提出的議案，主席得令提案之股東針對提案理由以及其他股東之質問，履行說明義務。

主席負有會議有效率進行的義務，對於長時間的發言加以制止，或事先約定每次的發言時間以及每人發言次數，也都是屬於主席的合理裁決權。

股東有在會場提臨時動議之權利，臨時動議有二種，有關議事運作之動議如調查人選任、延期、續行會的要求等，以及對於原議案的修正動議。兩者都要有其他股東的附議，臨時動議案才能成立，再進入審理裁決。當原案已先表決通過後，則針對該案所提之修正動議案就無須進行裁決。

關於股東之質問發言，如放任不加以制約，會妨礙議事有效的運作；但是股東質疑未盡，主席即急促宣布終止，會構成決議撤銷理由，要適時終止發言，是主席議事運作上，必須謹慎處理事務之一。實務上，主席在徵求股東會同意之下，宣告終止為多；不過，縱使大

多數股東同意終止，實際上疑問如依然未獲解答時，還是不得終止股東質疑，這與說明義務有密切關聯，質問權與說明義務兩者互為表裡。

## (二) 主席命令退場

　　股東會主席肩負著有效議事運作，同時，也必須維持審議的適法公正，為此賦予主席秩序維持權及議事整理權，這既是權限也是義務，必須適切妥當行使。基此權限，主席對於會場上不聽從主席指揮命令者，以及擾亂會場秩序者，必要時可命令其退場。由於命令退場之結果是剝奪該股東的出席權、發言權以及表決權，是一種相當嚴重的處分，主席務須謹慎行使。

　　開會開始，主席是先將議事整理方針以及股東發言方法加以說明，並取得大會同意承認。股東若不遵從既定規則，反覆不當的發言，雖經主席再三警告，還是我素我行，最後，主席下命令逐出會場，被認為是合法處理之判例有之。經數度下令趕出場，仍不聽從命令，還留在會場取鬧，而構成業務妨害罪之判例也有之。光言語勸退無效，有必要以實力行使驅逐，但實力行使仍易引發動亂暴力事件，戒之少用；在會前由公司先經評估，預先申請警察當場戒備，必要時立即請求警力介入協助處理，也是一項良策。

## 第三節　檢查人選任與調查報告

　　股東會得查核董事會造具之表冊，監察人之報告，執行查核時，股東會得選任檢查人（公司法第184條第1項、第2項）。又少數

股東召集之股東臨時會，爲調查公司業務及財務狀況，得選任檢查人
（同法第173條第3項）。公司法所規定這兩種情形下，有必要時，股
東會可以選任檢查人執行調查，獲取調查報告之後再對議案進行裁
決。茲將兩者分別說明如下：

## 一、第184條之檢查人

股東會爲盈餘分配或虧損撥補作決議，有必要對董事會造具之表
冊、監察人之報告進行查核，但是要對種類多又複雜之表冊、報告進
行調查核對，事務之執行艱難又專業，殊非一般股東所能勝任，委任
專業、專門人士來擔當勢所必要，本條規定選任檢查人制度仍應運而
生。

在什麼情況或何等條件下，股東會可以選任檢查人，本條文隻字
未提，因此，股東會認爲有需要，即可選任。選任時是以股東會普通
決議方法選出，如情況需要亦可以同時選任複數之檢查人。有否需要
選任檢查人以實施查核，是在議案審議進行中才會浮現的問題，因此
通常都是以臨時動議方式提出。

檢查人被股東會選出並承諾就任時，公司表冊、報告查核事務之
委託關係，成爲檢查人與公司間的法律關係，此部分公司法並沒有提
及，應適用民法之委任關係。因此，調查費用是由委任人——公司負
擔，如果沒有特別約定者，則是無償契約，檢查人不得請求報酬，而
約定報酬權限是屬於股東會。檢查人執行調查職務應遵從委任本旨，
並應負善良管理人之注意義務。

　　股東會選任檢查人時，應訂明委託調查之具體任務內容，該任務完成，委任即終了。又檢查人是適用民法委任關係，所以民法規定委任終了事項發生，也視為當然解任。由於公司法只提及檢查人之選任而未提其解任，因此可按一般原則處理，即按照選任方法加以解任之，選任主體既然是股東會而方法是普通決議，所以股東會以普通決議可以自由解任檢查人。但是，當無正當理由之解任，致使檢查人受有損害時，公司則應負賠償責任。

　　又本條文所謂董事會造具表冊，是指會計帳簿、財務報表以及營業報告書等均包含，這些表冊以及監察人報告，不限已提出股東會者，即使未提出也都是檢查人調查之對象。由於，檢查人並沒有被授予業務執行權，檢查人受託調查內容僅限於調查對象之表冊書類等之適法性，或者調查帳載數字是否正確，不得對於表冊書類內容是否妥當或合目的作裁量判斷。

　　選任檢查人調查之目的，在於聽取調查報告以作為議案審議判斷之參考。但是，公司法對於調查報告之方法依然未做規定，仍應回歸適用民法之委任規定。公司（委任人）隨時可以請求報告調查狀況，檢查人調查終了即刻向委任人報告調查經過與結果，履行受任人的義務。

　　實際上，委任人在為委託檢查人之際，通常對於報告方法會作具體指示（報告日期、場所、對象以及方法）。假設委任人在委託時沒有作具體指示，在過程中也沒有特別要求檢查人報告，那就在調查終了時，總結一次報告。最終報告能趕在會期中提出，則提供給該次股東會討論，較無問題，如果需要較長時間始能完成之調查，股東會就得配合以延期會或續行會之方法應對。受任人於合理時間內完成調

查，以適當方法（對股東會報告或送達股東）提出報告，受任人任務即告完成。

## 二、第173條之檢查人

依公司法第173條規定召集之股東會有二種，一種是少數股東請求董事會召集，董事會依少數股東請求而為召集之股東會，另一種是董事會不依少數股東請求而為召集，少數股東報經主管機關許可，所自行召集之股東會。這兩種股東會均得選任檢查人，對公司業務及財產狀況進行調查。

本條所規定之檢查人，其選任、地位以及調查報告等事項，均與第184條之檢查人完全相同，請參照上述之論述說明。唯一不同是調查對象與範圍，本條規定「調查公司業務及財產狀況」之用語與第218條所規定之監察人權限是同一文詞，係為瞭解公司業務及財產狀況之必要調查行為，檢查人得如同監察人擁有一切權限都可為之。對此，或許可能出現檢查人調查對象應當限縮在與議題、議案有關範圍的見解。但是，若不先對公司整個狀況作全盤瞭解，是無法對某一議題、議案作正確判斷，例如董事選、解任議案，就是很好之例子。因此，以與議題、議案關聯作為調查範圍之限定概念，是無意義之看法。基本上公司業務、財產狀況要瞭解，所必要調查之一切行為均可為之，所以應解釋為不受議題、議案關聯性之限制，如此才是妥切之解釋。倘若，認為確有必要限制檢查人之調查範圍，於股東會選任檢查人之際，加以具體限制委任調查範圍，這是公司可以自治自主的事項。

　　另有一延伸問題，在此一併加以討論，即對於列入股東會審議之議題、議案之表決，上述法定以外之股東會認為，必須經由調查始能提供正確判斷所需之資訊，股東會是否可自治自主而任意選任調查人進行必要調查呢？上述第184條及第173條檢查人選任之規定，係限定規定非例舉規定，因此除此之外的檢查人選任進行調查，是被禁止之解說並非無理。細想股東會上，股東行使質問權，董事履行說明義務，會場上質詢與答辯的攻防目的，在於發掘事實及瞭解問題，資以正確行使表決權。調查與質詢追問是異曲同工，調查所取之報告相對於質問之說明，僅名異而實同，況且調查人的調查與報告，也是透過調查人與公司相關人員之質問與說明的運作結果，其功效也是一致，既然股東會議案審議質疑答詢是必要進程，而具有同樣機能之調查制度卻被禁止任意運用，豈有此理。又股東質問權可化為調查權，公司說明義務可化為調查義務，股東會選任檢查人實行調查與報告，即是股東權限的行使，又是公司義務的履行，一氣呵成，何樂不為。為促使表決權行使之判斷更趨正確，股東會議事過程中有必要時，決議選任檢查人，委任其調查與報告，純屬公司自治事項，而無違反公司法強制規定，公司應可任意為之。

## 第四節　董事會之說明義務

### 一、說明義務的概念

　　股東會本質是會議體，透過召開會議，經由會場審議，最終表決決定。會場審議包括質詢與答辯的過程。直言之，會議體的股東會，出席會議股東具有發問權，對於股東所提出的質問，公司則有說明的

義務；因此，在股東會會議體運作上，質問權以及說明權基本上、理論上是存在著。再者，股份有限公司是建構在所有與經營分離原則的架構下，股東會審議議題、議案之提案權限，被劃分到業務執行權中，而歸屬於董事會，原本股東會之人（股東）僅能對準備好的議題、議案進行審議。在此架構下，股東會中股東方面的質問權以及董事會方面的說明義務更需要具體確立。

以上的結論，股東會議上董事的說明義務，是基於股東會會議體的性質以及董事會方面的議題、議案提案權之基礎理論所導引出來，無須法定也當然存在之義務，因此，我國公司法並不加以明文規定。但是，在外國特意加以明文規定之立法例也有之，例如日本会社法（第314條），德國股份法（第131條第1項）等就是例子。明文加以規定，是屬於當然之規定，除作確認之用外，也具有另外的附加意義存在：第一，提醒董事會的責任自覺，要善待股東的質問，注意履行說明義務，否則就會失職的責任發生。第二，喚起股東踴躍行使正當質問權，尤其是股東會日益形骸化，會議機制低落無作用的現況下，以積極的明文規定來活化股東會，是一良策。第三，明文規定董事會說明義務之同時，也將明文規定可拒絕說明事由，事先書面質問制度以及違反說明義務的行政處罰一併規定，促進說明義務有關法領域的安定化。

股東的質問權與董事會的說明義務，是一體兩面之關係，一般的理解是容許兩者互換說明，但是，這是理論層次的問題，在實際運作上，股東先行對特定事項質問請求說明，董事會的說明義務才能具體化。為應對股東之質問，董事會的說明義務才會發生。換言之，當股東不提問時，董事會的說明義務就不會存在。因此，股東對於議題、議案所表明之意見，不是針對特定事項提問，就不算是質問權之行

使，董事會不必答覆說明。而對全部議題、議案的整體或廣泛性的質詢，也不成為說明義務的對象，蓋因股東的質問權以及董事會的說明義務之目的，是對議題、議案之判斷提供資訊，與議案之判斷無關之質問，並非此處所說之質問權，當然不會產生說明的義務。

　　富有爭議性的問題之一，為對於非議案也無須表決的報告事項，是不是說明義務的對象？一般的見解認為，由於報告事項的內容，間接的對其他議案（例如董事選、解任案）也是判斷資訊，應是說明義務的對象；不過，報告事項說明義務的違反，不立即構成決議撤銷之事由，因為對於議案不會發生直接影響。

　　董事會的說明義務是股東對特定事項要求說明而發生，該股東應以可出席股東會且能行使表決權者為限，當然也包括表決權行使之代理人；而且股東質問權是不分持股多寡，只要持有一股之股東，即可行使之單獨股東權。至於無表決權之股東，則被排除之。

## 二、拒絕說明事由

　　質問權以及反面的說明義務之存在，不外乎是為股東對議題、議案之審議，更具體而言，是為股東行使表決之判斷提供充足情資而認定。因此，如超越這個目的，反而對於股東會的公正、順利運作造成傷害，甚至發生濫用之情況，損及公司以及其他股東之利益。鑑於此，對於股東的提問要有所限制，必須有制度制約機制存在，董事會有正當事由者，可以拒絕說明。對董事會說明義務立法規定之國家，同時也附帶規定拒絕說明事由者頗多，其中日本法對此規定甚詳，將其介紹以供我立法參考。日本会社法規定拒絕說明事由有三項：

　　1. 股東請求說明事項與股東會議題無關聯性。

　　2. 對於股東請求事項加以說明，顯然會損害股東的共同利益時。

　　3. 其他法務省令規定之正當理由（会社法第314條）。

　　承續上述第3項的規定，於日本会社法施行規則第71條規定，以下四項正當理由得拒絕說明：

　　1. 股東請求說明事項，需要調查後始能說明時。

　　2. 股東請求說明事項加以說明會侵害公司以及其他人（股東除外）之權利時。

　　3. 同一事項反覆請說明時。

　　4. 前三項以外的其他正當理由（会社法施行規則第71條）。

　　針對以上各項規定，僅略加以述說如下：

## (一) 請求說明事項與股東會議題欠缺關聯性

　　本書要再三重申：董事會履行說明義務，是為股東審議議題、議案提供充足的情資，期其行使表決權判斷正確之目的。因此，與議題無關聯性的說明請求，拒絕說明是正當的；即使是經會議多數決之請求說明，只要與議題欠缺關聯性，也是同樣結論，董事會仍得拒絕說明。

　　問題是與議題的關聯性如何判斷？一般來說，政治問題或社會問題等質問，與公司事項沒關係可拒絕說明，應該是沒有什麼異議。但是，有時因議題、議案的性質，一般性的質問也會有關聯性，譬如

董事選任議題，股東提出對公司前景分析或公司保留盈餘分配的看法等，董事應該不得拒絕說明。不過，對此問題，當下還無法梳理出合理的判斷基準，暫時只好委由個案去判斷。

## (二) 顯著損害股東共同利益時

董事會對股東請求事項進行說明，顯然會損害股東利益之情況，一般可想像到的情況：當一經說明後，公司的情報就會暴露或流出，不利公司，結果也會造成股東利益受損。即該說明雖然對提問之股東或許有利益，但損及其他股東之不利益遠大於該利益時，從社會或經濟觀點，均無法忍受容許，則可拒絕說明。更進一步舉具體判例來說，例如要求對公司產品之生產成本明細詳加說明，或是討論營業承讓議案中要求對營業秘密內容說明，或者對訴訟中事件要求詳細說明，均被認定為可拒絕說明之事由。

## (三) 說明需要調查時

董事會的說明義務是對應股東質問權行使而存在，所以是當股東當場提問時，董事會的說明義務才具體發生。因此，須要費一段時間調查之後，始能正確、詳細說明之質問事項被提出時，任何人在當場也無法即時回答說明，董事會可以拒絕說明，但如果股東同意調查後再說明時，就非拒絕說明，成為延期說明或一時中止說明。

一般情況，董事會對於已列入議程之議案，應事先準備合理的應對股東的質問，這是董事應盡善管注意義務之一環，因此，依客觀之判斷，凡屬事先可以預見且可預期準備之事項，董事會卻以須要調查為藉口，而拒絕說明情形，會構成說明義務違反之問題。

　　為防止遭以需要調查之理由拒絕說明，理論上以立法認可之事先質問制度，即股東會開會日之相當期間前，股東預先將質問事項之內容以書面通知公司，促使事先準備，阻止董事會當場有拒絕說明之藉口。但是，調查期間不足以及調查費用過高顯然非公司所能負擔，或是調查所需付出之代價與所能獲得情資之利益顯然不相當，也都是拒絕說明之正當事由，不過公司方面必須負舉證說明之責任。

　　股東質問事項雖需要調查，但是極為容易調查之事項，董事會不得拒絕說明，主席可採會議暫停休息或該議案先予暫時擱置，給予調查時間，俟調查結果旋即開會或恢復該議案討論等方式。如此輕易即能解決之事項，董事會即不得拒絕說明。

## (四) 反覆質問時

　　在股東會上已經盡責說明，對該議案之審議所必需的判斷參考資料，也已充分提供，為期股東會能順利、有效運作起見，無須再無止境的提供說明，董事會可以拒絕說明。雖然是同前質問內容相同之重覆質問，但是，由於之前質問說明有未盡完全時，不得拒絕說明。

　　是否為反覆質問，並不拘限於對同一議題、議案的質問，應以股東會全體過程判斷，質問之實質同一內容已於前議案、議案審議中說明，即可免除再重複說明。又質問內容與從前的質問內容實質同一，並且說明內容與從前說明內容實質同一，此時才能認定為反覆質問，質問內容一樣，但是議題、議案變換，說明內容也應變換時，就非反覆質問。

## (五) 說明會侵害公司或其他人時

前述第（二）項損害股東共同利益問題，與此處之侵害公司或其他人之問題有所不同，前者是利益衡量取重捨輕的倫理問題，後者是防止侵權或濫權行為發生，是屬於法律關係問題。譬如公司與交易對方發生糾紛，訴訟過程中雙方訂定和解契約而撤回訴訟，和解之權利內容雙方約定不得公開，若將和解內容說明，直接侵害到公司以及對方的權利，即是明顯的實例。

以上針對日本法定拒絕說明理由的分析，可以得出結論，只有第（二）項顯著損害股東共同利益一項利益衡量思考，不屬於一般性的當然原理原則，非依賴法明文規定，無法成為拒絕理由。其他各項理由，均是一般法理的當然規定，即使沒有法令規定，依法理解釋也能肯認。因此，依法理論之解釋，認定股東質問權以及董事說明義務的存在，同理也應當認定拒絕說明理由，以上檢討（一）到（五）項中除第（三）項之外均可包含其內容。但是，由於解釋推認與法規定之效力不同，拒絕理由存在與否之主張，其舉證責任的分擔會有很大差別。

股東會場上股東的質問，存在上述拒絕說明理由時，可以拒絕說明，拒絕說明理由有無，由誰來判斷？在股東會場上，主席掌握議事運作之全權，主席對質問內容當場判斷有無拒絕理由，是最直接、最合理的見解有之。但是，說明義務是由董事擔當，責任就應由該董事承受，並非主席的責任，主席不能逕行判斷，主席應指定董事為說明，由該董事自行判斷，才是合理。惟我國公司法規定股東會主席由董事長當然兼任，則區分兩者責任之意義已失。

　　說明義務是在會場上股東質問，當場以口頭說明爲之。股東不可要求書面回答或要求提供資料。而說明之方法以一問一答方式當然可行，合併複數質問再總合說明也可行。

　　說明義務是股東實際提問時才具體發生，因此，當股東事先以書面質問，而該股東卻不在會議現場，而其他股東再以口頭質問時，董事沒有說明義務。但是，實務上的運作，爲議事運作效率考量，公司實際上會將事先書面質問加以整理，不等股東發言質問，董事會自動先行一併說明，但之後書面質問股東又再發言提問，則董事仍有具體說明義務，此際可以「已經說明過」一言對付，或追加補充說明也可。至於是否已盡說明義務，則以先前說明內容合併之後補充說明來綜合判斷。由於這種判斷無法設定一體適用之基準，應依議題、議案內容以及股東具體質問內容依個案逐一判斷。一般而論，董事說明義務是在提供對議題、議案正確判斷之資料，關於議案贊成或反對之合理判斷之必要情報，客觀判斷已充分說明，即可認定已盡說明義務。不單以質問股東的認知，應以全體股東的客觀認知判斷。

## 三、說明義務違反效力

　　股東提問，董事說明義務發生，但是完全不置答或回答不充分，當然發生說明義務違反問題。對質問沒有說明，或說明不夠充分，主席即宣布終止審議時，亦同。說明義務違反之有無，與主觀要素無關，是故意違反還是過失違反，一概不予過問。

　　說明義務違反下之決議，是決議方法違反法令，會構成決議撤銷之理由。違反程度輕微或對決議結果影響不大時，依一般法理，提起

撤銷決議訴訟時，法院可爲裁量駁回。例如說明程度對議案的贊同與否，已經達到可以合理判斷時，即使對股東質問有部分，未做說明就進行決議之情形，是屬於違反事實輕微之例，法院可以裁量駁回決議撤銷之訴。

還有一個問題，股東會報告事項之說明義務違反，按理不作決議，當然不存在決議撤銷問題。但是報告事項之說明會重大影響其他決議案時，也有可能構成對該決議案之撤銷理由。例如董事選任議案，就因爲報告事項欠缺說明，而遭選任決議撤銷之判決也出現過。說明義務之違反影響決議之效力以外，也會因董事之職務懈怠，而發生損害賠償責任，是不論而喻之理。

## 第五節　延期、續行會

### 一、延期、續行會的意義

股東會順利召開，但是某種理由，會議當天無法結束，不得不把會議延後續開，對這種情況，公司法規定「股東會決議在五日內延期或續行集會」（第182條）。本規定認許經股東會決議可以在五日內延期或續行開會，按此股東會決議方式的集會，不適用第172條之規定，不必重新爲股東會召集通知及公告。這種方式的延期或續行集會，爲方便計，講學上習慣稱之爲「繼續會」。

繼續會包括延期會及續行會兩種，前者的延期會是指此股東會開會成立之後，未進入議事即將會議改變日期後重開。後者之續行會是

指議事已進入，過程中因某種事由，審議無法終了，處於審議未了狀態，日後再擇期繼續審議。

　　繼續會不必再召集通知，理由是因為與決議繼續會之先行股東會是同一個股東會，換言之，繼續會是先行股東會的一部分。因此可以明白，繼續會之可以省略召集通知手續，是繼續會並非獨立完整的一個股東會，是包括在先行股東會內。因此繼續會與先行股東會存在著同一性是必要要件。兩個會議是否同一性之判斷，只要是以兩會的連續性為判斷要素，而連續性之判斷又是以時間關係為要素，不以實質為考量。認定兩個會有連續性，必須是兩個會在時間上很接近，兩會間隔時間太長，兩者連續性被時間中斷，就無法說明兩者的同一性。兩會間之連續性，認定存續之間隔時間要有多長，對此點一般解釋上，是以股東會召開通知期間為準。先行股東會閉會，立即想再開會，最快也得歷經法定召開通知期間後，新股東會才能召開。這段空窗期間，正式股東會沒法召開，因而設計繼續會制度之運作來填充。由於召集通知期間，各國立法設定並不相同，我國股東臨時會規定十日前應通知，依據上述一般之解釋，應以十日內為繼續會的間隔期間為妥，但是公司法卻明定五日內，似有過短之嫌，剩下五日無法對應的問題期間，無法填補。

　　同一性之認定要件，除期間的連續性之外，另一個要件，是股東會決議的手續。

　　繼續會召開的決議是股東會本身的權限，股東會以外的機關，對繼續會均無決定權限。股東會召集決議權是董事會，因此董事會決議召開即成為另一新的獨立股東會，不是繼續會。繼續會之召開是屬於議事的一部分，是否要召開繼續會之決議權，當然是股東會所專有。

也因爲股東會決議的繼續會，繼續會與該股東會才會有同一性的關係。主席或董事長不經股東會決議，逕自宣布繼續會之召開，該繼續會無效。

股東會爲繼續會決議時，通常對繼續會召開日期、場所等有關事項也一併決議。但這些有關事項在作決議時可能無法立即決定，將之委託予主席或董事長於事後決定，應可容許。此際受託人決定後，必須對先行股東會出席之股東全員通知。萬一股東會決議之繼續會日期、場所，因故無法如期順利開會時，在對股東有周全適切通知之條件下，主席或董事長採臨時應變之策，不經股東會決議自行變更，應被允許，惟作這樣的變更時，同樣要受五日內之期間之限制。

繼續會召開之決議，應在股東會成立後、閉會前之間決議之。股東會成立前，股東會召集權人做延期的決定，不屬於繼續會的決議，此時是召集權人開會前開會日期的延期或變更的決定，應重新對股東爲延期、變更之通知。股東會閉會終了之後的決議，是沒意義且無效的會議，既不是繼續會也非新股東會。

股東會爲繼續會之決議方式，以普通決議爲之，即使預定決議事項中包含有特別決議事項，也同樣以普通決議即可也。

## 二、繼續會的決議事項

繼續會是與先行股東會同一的會議，是先行股東會構成的一部分，出席股東也與先行股東會出席股東相同，審議對象之議題、議案也當然是先行股東會提出之一部分。修正案或臨時動議也受同樣範圍的限制。

　　對先行股東會行使之書面投票以及電子投票在繼續會依然持續有效，繼續會上的議案表決，應將其股數計入表決權數。

　　委託書代理行使也同樣在繼續會持續有效，代理人可對在繼續會上審議並行使表決權。

　　因為繼續會是與先行股東會同一的會議，所以先行股東會之召集程序有瑕疵存在時，該瑕疵效果波及繼續會審議之議案，同樣會形成議案撤銷之對象。

　　決議撤銷提訴期間三十日之起算基準日，先行股東會之決議撤銷是先行股東會決議之日起算，繼續會之決議撤銷是以繼續會決議日起算。

## 第六節　宣布散會（股東會終了）

　　股東會是由會議主席的宣布散會而終了，宣布散會與宣布開會相同，均是會議主席的專屬權，不屬於召集人的權限。主席合法宣布散會，多數不退散的股東，留下來繼續開會做出決議，這種決議，法律上不承認其合法性。但是，主席宣布散會是社會上歷久成習的儀式性作為，並非會議終結的要件，議事日程完全終了才是會議終了的實質要件，因此預定的議事日程全部結束，即使欠缺主席宣布散會，會議也當然終了。議事日程終了之前，做了延期會或續行會的決議，或者審議未完的議案全部刪除的決議時，股東自動走散自然散會，沒有特別地宣布散會，同樣是會議終了而有效。

　　問題是議事日程還沒進行完了，主席沒正當理由而獨斷地宣布散會的效力問題。

　　開會宣布，議事進行到閉會，除了會議中對有關議事事項做出決議以外，議事進程之控制權是主席專屬，例如，主席不理會部分股東的反對，逕自宣布散會，引起爭議時，姑將主席的責任問題先置之不問，認為宣布散會本身應是有效的見解有之。但是，將預定議事日程全部運作完成是主席的職責，還有可能繼續審議的條件下，主席不盡責進行議事，輕易的宣布散會，是屬於主席越權行為，可追究主席責任之外，宣布散會也應當無效，這是通說的見解。例如會場有股東無理取鬧而會場秩序混亂，主席不盡責處理，反而趁機宣布散會，或有股東質疑出席定足數不足而提出異議，不經調查，竟然趁機宣布散會，就是典型的例子。

　　但是，會議開始，多數股東的資格被置疑，有必要進行調查，是曠日費時之事，非短時間內所能解決，顯然議事不能進行，此時主席的宣布散會是基於正當事由所為，當然合法有效。

　　主席的宣布散會是無效之時，主席退席是自動任意退場，亦是一種職權放棄行為，但會議不因而終了，因此留在現場的股東另選主席，繼續進行開會，完全可行，惟應注意留下來的股東數必須滿足出席定足數的條件始可。

　　以上是議事日程未了，殘留未審理議案時，主席必須有正當事由之下，才能宣布散會，會議才能有效終了。主席有正當事由可以為宣布散會時，主席也要儘量採取延期會或續行會的決議措施，以免會議流會，流會是最壞的選項，會議要重開，只能從頭再開始，至今一切

所爲，前功盡棄，是社會資源的完全浪費。

　　開會進行中，會場失序混亂，主席無法收拾，要進行延期會或續行會等之表決顯然困難，此際主席獨自判斷，做出延期會或續行會以及散會之宣布，在別無他途可就的無奈情況下，應當允許爲之。

第八章

# 股東會的決議

# 第一節　總說

　　通常股東會的議事運作，首先由主席宣布開會，同時主席就職宣言，以及出席股東股數達到法定數之一併宣言，接著才進入審議程序，按會議體一般原理，提案人對提案理由說明，出席股東質問，說明義務人答詢，主席適時宣布審議終止，進入表決。

　　股東提出與公司提案不可兩立之對立議案或修正議案時，表決先後順序素有爭議的問題。修正議案必須先審議是會議體的一般原則，所以股東提案先付表決。但對這個說法的辯解是，表決權的順序是議事問題，為主席的裁決權範圍，先審議案表決通過，其他議案就不付表決，也是一般會議體的做法。但是有個問題會發生，當將所有議案各個都表決時，可能會有複數議案過半數同意，可以從中選擇最高票議案通過，因為股東有可能複數議案贊成，除非事先唱明只能擇一投票。

　　股東會的表決權方法，法沒明定，公司自治性的在章程或議事規則訂定當然可行，則依章程或議事規則訂定方法行之。除此之外，依然遵循會議體一般原則行事。通常是議案之贊成表決股數，已明確超越議案成立所需之表決股數，即使不採舉手、投票等表決方法，決議也成立。只要議案成立事實明確，贊成、反對票數的確定並非一定必要。尤其是事先委託書以及書面、電子投票之統計，議案成立不成立局勢已定，臨場清點表決權數，更顯多餘之舉。如不計算票數「鼓掌通過」同樣有效，只是將來有爭議時的舉證責任問題。

　　表決方法，法不做規定是各國立法通例，因此投票、舉手、起立、鼓掌、呼聲等方法均被普通採用，會議體一般原則認為有效方

法。但其中最富爭議的是鼓掌、呼聲的方式。以呼聲大小、拍手冷熱為判斷基準，的確難以客觀化。採行這種方法原本就捨棄計數遊戲規則，以壓倒性的聲勢、熱烈掌聲為通過的佐證，雖不精準，但遠遠超過半數的氣勢，所以往往不失其準確性。因此一般會議體採用這種方法，歷久不衰，已成習慣。

表決權數以人頭計算之會議體，循用這些方法，確有合理性、有效性，吾等不予否認。但運用到股份有限公司之股東會決議能否適用，不無疑慮，蓋股份有限公司之股東會之表決，不以人頭而是以股份數計算，股份表決權非人亦非物，不會拍手呼聲，也無法動作，以股東之人為動作視做股份的作為，即不可能亦不可為。因此理論上，股份有限公司股東會表決方法，鼓掌、舉手、起立等動作方式均無法成立，剩下唯一可行方法「投票」而已。

股東會的決議，我國公司法依決議成立要件之不同，分為普通決議、特別決議以及假決議三種，並將三種類分別加以說明。

## 第二節　普通決議

普通決議非法令之稱，而是學理上之稱。除法令、章程另有規定外，股東會決議以普通決議為之。其決議方法是，應有代表已發行股份總數過半數股東之出席，以出席股東表決權過半數之同意行之。

普通決議要件有二，必要股東出席定額以及贊成股數。

# 一、股東出席定額

出席股數的計算方法，普通決議是「應有代表已發行股份總數過半數股東之出席，以出席股東表決權全數過半數之同意行之」（公司法第174條）。股東會之成立定足數之要件，以發行股份總數過半數股東出席為已足，其所稱股份總數已含無表決權股，似乎是符合條文面的理解。但是對於無表決權股東之股數，不算入已發行股份總數（第180條第1項），蓋因無表決權股東被排除於股東會構成員之外。因此，公司持有自己之股份、從屬公司之持股等（第179條第2項）或表決權行使禁止之假處分股份均不得算入發行股份總數。「已發行股份總數」扣除無表決權股數，等於是「已發行有表決權股份總數」之意義，因此該條文之「已發行股份總數」之文句應加修改，以免誤解衍生無謂爭議。

表決權委託代理行使時，代理人出席股東會，本人之表決權股數計入出席股數，書面或電子方法表決權行使，亦同樣其股數算入出席定足數。股東會當場提出之修正議案或臨時動議，書面或電子表決權行使如何處置是個問題。書面或電子方式是先行使之表決權，對事後提出議案無法對應，表決權行使未發動，應以缺席看待，亦即其表決權數不計入出席定足數，是一派的見解。但是，以缺席處理會產生由極少數的出席表決權的決定，成為股東會的意思決定之極不合理結果。因此，另一派則主張應以出席處理，計入出席股數，對修正議案或臨時動議視為棄權，本文採後者見解。

過半數表決權代表股出席定足數是開會要件，此要件是否有必要持續維持到散會為止，過半數出席之定足數是開會要件同時也是決議要件（參閱下段必要贊成數）。出席要件充足宣告開會，開會中途有

出席股東退席，在場股東之表決權數已不足定足數，會議基礎消失，會議當然不成立，亦即俗稱之流會。主席應注視會場狀況，有必要即行清點會場或由出席股東提議清點，確認出席定足數不足，立即宣告流會，是主席的善管注意義務。

法定出席定足數可否以章程規定加以變更或排除，在出席定足數視為嚴格規定之我國現行公司法下應是免談、不容許之事。但是考量公司性質組織五花八門，變化多端，尊重公司自主自治之必要，容許公司以章程規定，將出席定足數提高，嚴格要求大多數的意思決定，或者降低出席門框，鬆綁股東會運作，如此之外國立法例不在少數。面臨股東會之形骸化，毫無應有機制之發揮之我國現狀，似有必要深入探討仿效外國制度，擴大公司自治權，允宜公司股東會較彈性運作，活化股東會以收實效。

## 二、必要同意數

普通決議是以出席股東表決權過半數同意成立。「出席股東表決權過半數」之計算是以何時之股東表決權數為準，是以宣告開會時之股東表決權計算之，不以表決時實際出席股東數為準。表決就出席股東表決權計算之，不以表決時實際出席股數為準，是我國實務的見解。其理由謂「若於每次行使表決前有出席之股東中途未參與表決，而扣除該退席股東之股數已不足股份總數三分之二時，由於公司法既無不得為決議之規定，故經股東會出席股東表決權之過半數決議，自屬適法有效」（經濟部64經商自第02367號）。此是為第185條第1項特別決議之解釋，同理可推論是用普通決議。第174條之要件規定「應有代表已發行股份總數過半數股東之出席」，是針對決議而定，

無疑的是決議要件，要件不足，當然不能決議，其決議不成立。再看第185條第1項規定「應有代表已發行股份總數三分之二以上股東出之股東會」之要件，顯然不是開會要件，是針對決議規定，原本二分之一以出席即可開會，但開會過程，要特別決議時，必須有三分之二以上出席始能爲之。所以要特別決議時必須清點確認是否有三分之二以上表決權數出席，始可進行表決。

在場出席股東出入沒什麼異動，也沒有股東提出異議，開會時確認過半數出席數，議案決議時如數延用，省略清點確認手續，以社會常理，無可厚非，但也僅是引用，絕非決議時不要二分之一之要件。特別決議就無法延用，因爲二分之一以上就能開會，開會時出席數不一定要三分之二以上。

股東對於會議事項，有自身利害關係時，不得加入表決，亦即利害關係股東之表決權行使之迴避（第178條）。利害關係股東對關係議案不得行使表決權，該股東持有表決權數如何處理，是個問題。表決不得行使或不得加入表決，是因該股東的持股對相關議案視爲無表決權股，還是該持股依然是完全表決權數，只是表決權一時凍結不得行使。前者則應依無表決權股處理，其表決權數不得算入出席表決權數，實際是應從出席表決權數扣除。後者則視同棄權處理，計入出席數，但同意票反對票均不計入。前者爲通說以及實務所採用。

公司以章程規定，自治性的將必要同意數提高或降低，是否可行？公司法對特別決議明文規定（第185條第3項）容許章程提高，對普通決議並無如此規定。公司愼重處理股東會之意思決定，採用更大多數股東的意見，將決議成立之必要同意數自主提高，似乎無不妥之處，應允宜提高。但是極端提高，例如規定股東會決議必須全體同意

始能通過，如此形成承認個別股東之否決權，決議難於成立，股東會機制空轉，也違反股份有限公司多數決原則，做如此規定之章程應屬無效。

反之，將普通決議之過半數同意成立要件降低，即不過半數門框也能成立之章程規定是否允許，這種規定顯然違反上述多數決原則，也應是無效。

## 第三節　特別決議

公司對於特別重大事項之決定，爲愼重計，將決議時之出席定足數提高，謂之特別決議，特別決議與普通決議同爲學說用語，並非法律用語。特別決議事項以法定事項爲限，條文中「除本法另有規定外」即指特別決議而言。「應有代表已發行股份總數三分之二以上股東出席之股東會，以出席股東表決權過半數之同意行之」是特別決議方法。公開發行股份之公司出席股東之股份總數不足三分之二者，得以有代表已發行股份總數過半數之出席，出席股東表決權三分之二以上同意行之（第185條第1項、第2項）。二種方法結果同意表決權數同數。因此，本書認爲開放由公司章程規定自由選擇其一，不應僅限於公開發行公司適用。

需要特別決議事項爲：1. 重大經營事項（第185條第1項）；2. 董、監事之解任（第199條）；3. 董事競業行爲之同意（第209條）；4. 以股息、紅利發行新股（第240條）；5. 公積金撥充資本（第24條）；6. 變更章程（第277條）；7. 公司解散之決定（第315條）；8. 公司合併或分割之決定（第316條）。

特別決議成立要件如下：

# 一、股東出席定足數

「應有代表已發行股份總數三分之二以上股東出席」之定足數規定，其計算方法同普通決議，扣除無表決權股數，不計入已發行股份總數，於普通決議出席定足數之各項說明，於特別決議也同理適用。

特別決議的定足數，由章程規定自律提高，應可肯認，但同樣以章程規定將定足數下降，也應可行，蓋因對公開發行公司容許變更（第185條第2項）並無不妥問題發生，對一般公司開放自治降低，應無不可，但以降低至二分之一為止，若低於二分之一，即違反股份有限公司之多數決基本原則，當不允認。

必要同意數的自治變更又如何？公司章程規定，將特別決議之必要同意數提高者，應沒有禁止之理由，但如極端地提高門檻，致使決議無法成立，讓股東會實際運作停擺的情況時，則該章程之規定視為無效。反之，必要同意數降低，特別決議之特別已不存在，而失去特別決議的意義，應不得為之。

特別決議的特殊效力，股東會之決議，有拘束公司及其機關之效力是一般效力；但特別決議中，尚有一特殊效果，即本法第186條規定之股東之股份收買請求權之效力。按第186條規定「股東於股東會為前條決議前，已以書面通知公司反對該項行為之意思表示，並於股東會以為反對者，得請求公司以當時公平價格，收買其所有之股份」。前條第185條決議事項三款，均是公司經營上之重大行為，結果影響至巨甚或動搖公司根本。於此關鍵性重大抉擇，公司必須慎重

行事，因此規定，議案提出以董事會特別決議爲之，議案之要領應事先公開周知股東，並以特別決議方式通過。除此之外，對該重大事項，始終持反對態度之少數股東，強求其接受通過的議案，也過分橫蠻獨善，鑑於此，公司打開一扇門，任反對股東自由決定去留，以保護少數股東之權益。

　　股東具備1. 須於決議前，已以書面通知公司反對該項行爲之意思表示，2. 須於股東會已爲反對，這二項要件兼備時，始得請求公司以當時公平價格，收買其所有股份。

　　對該項請求權之行使規定有：「前條之請求，應自第185條決議日起二十日內，提出記載股份種類及數額之書面爲之」（第187條第1項），係針對股份收買手續之規定。至於公平價格收買如何決定，「股東與公司間協議決定股份價格者，公司應有決議日起九十日內支付價款；自第185條第1項決議日起六十日內未達成協議者，股東應於此期間經過後三十日內，聲請法院爲價格之裁定」（第187條第2項）。首先由股東與公司當事人間自主協議決定價格，但是當事人間在決議日起六十日內協議無法成立時，股東應於此後三十日內聲請法院裁定。法院裁定確定，「公司對法院裁定價格，自第2項之期間屆滿日（決議日起九十日）起，應支付法定利息，股份價款之支付，應與股票之交付同時爲之，股份之移轉於價款支付時生效」（第187條第3項）。

　　公司爲讓與全部或主要部分之營業或財產之特別決議（第185條第1項、第2項），同時決議解散時，反對股東不得請求收買（第185條但書），蓋此種情形，公司即將解散並清算，股東與公司間關係即將結束，自無法請求收買而脫離公司。

　　又公司取消第185條第1項之特別決議時，股東即不得行使收買請求權（第188條第1項），蓋因公司取消特別決議行為，則反對股東請求依據已失，故該項請求自動消失。取消時點應在收買完成前，至於如何取消，解釋上仍應以同樣之決議為之。

　　我公司法僅限於第185條第1項之三項事項之特別決議，認許反對股東行使收買請求權，其他同樣特別決議事項，同屬重大事項，影響公司巨大，諸如合併、分割、股份交換以及章程變更等，為何不能同等適用，百思不解。應儘早修法糾正為是！

## 第四節　假決議

　　出席股東不足前條定額，而有代表已發行股份總數三分之一以上股東出席時，得以出席股東表決權過半數之同意，為假決議，並將假決議通知各股東，於一個月內再行召集股東會，其發現有無記名股票者，並應將假決議公告之。前項股東會，對於假決議，如仍有已發行股份總數三分之一以上股東出席，並經出席股東表決權過半數之同意，視同前條之決議（第175條）。此即假決議制度之規定，假決議是堂堂正正的法律用語。假決議制度為臨時之權宜措施，只能適用於普通決議，蓋因公司法將假決議條文規定於普通決議條文之後，並有「出席股東不足前條定額」條文相連接而自明。

　　假決議制度仍然戒忌由代表極少數股份之股東出席，而草率成立不具代表性之決議，故仍要求應有代表已發行股份總數三分之一以上股東之出席，設限最低門檻，始得為之。且於一個月內再行召開股東會。若再次召集股之股東會，對於假決議仍有代表已發行股份總數三

分之一以上股東出席，且經出席股東表決權過半數之同意，視為普通決議。

　　由於股份有限公司規模龐大，股東眾多，股東會開會不易，為避免股東會一再流會造成公司負擔過大，社會成本浪費，並且為解決股東會一開再開，仍然無法做成決議，阻礙公司業務營運，權宜考量之下而設計的假決議制度，給予股份有限公司之股東會運作大開方便之門。假決議制度無可諱言，確實呈現便宜行事之優點，但卻背反了諸多法理論與邏輯。

　　假決議成立的程式，是兩個假決議相加等於一個普通決議。三分之一以上出席不足二分之一以上之出席定額，股東會不成立，不得開會，當然所做的決議，也是不成立，虛無無效的決議，此際既然認同不成立的會議為股東會，承認虛無決議為假決議，假假即可成真，法理蕩然無存，邏輯也破產。就實務而論，假決議設定門檻與普通決議門檻也有差別，極端來說兩次假決議之贊成之人很可能是同一批人，則將形成較少之表決權數做成股東會決議，違反多數決原則之外，也侵害其他股東權益，背離公司法基本精神。

　　假決議制度為緩和特別決議之嚴格要件，日本法於其舊商法（明治32年商法第209條第2項）曾一度採行，因便宜股東會特別決議通過，頗受實務界歡迎，但因制度設計悖逆法理，為學說所詬病，早早就廢棄不採（昭和25年商法修改）。我國公司法之假決議制度顯然是抄日本舊商法，但不忠實移植，僅對特別決議適用，卻移用在普通決議，致使法理問題更離譜更加嚴重。日本舊法的古老廢物，竟然在我公司法制上長生不老，實不可思議也。

# 第九章
# 股東會議事錄

## 第一節　議事錄作成之必要性與效果

　　股東會之議決事項，應作成議事錄，由主席簽名或蓋章，並於會後二十日內分發各股東（第183條第1項）。議事錄是將股東會議決事項、議事經過、表決過程與結果明確記載之記錄文書。不分股東常會、臨時會、董事會召集或其他召集人召集之股東會，甚至於一人公司之股東會也一概應作成議事錄。

　　議事錄的作成或記載其效力如何，有兩種不同立法例。議事錄的作成記載是決議效力發生的要件之立法例，議事錄是記錄文件與決議效力無關之立法例，前是德國股份法、後者是日本会社法所採。我國公司法對議事錄之效力卻隻字未提，不像德國股份法是明文賦予特別效力之規定，故解釋上應與日法相同，僅是記錄文書與決議效力無關。

　　股東會議事錄是記錄議事經過與結果，特別對於明辨議案決議是否成立通過的意義上，是極具重要性的證據文件。換言之，股東會決議成否判斷之有力證據，這個證據效力，本質是記錄文書之議事錄原有的效力。

　　公司登記事項，法令要求登記申請必須附件提出股東會議事錄，同樣是證據文件之用。

## 第二節　議事錄的作成

　　書面作成議事錄是古往以來的做法，現在仍然是主流，但隨著時

代科技的進步，公司法於民國100年修正容許得以電子方式為之。如何作成議事錄，則依下列各項分別加以說明：

# 一、作成義務人

　　「應作成議事錄，由主席簽名或蓋章」的條文文句，主席實際親自作成議事錄當然可以，但是屬於稀有罕事，一般都是指揮下屬職員作成，主席簽名或蓋章而生效。主席是最後的負責人，是法律上作成義務人。主席是股東會議事錄作成義務人，對公司法如此規定，將之分析解讀如下：

　　議事錄之作成：本質上是議事運作的一環，議事終了最後一節作業，議事運作是主席的權限也是義務，所以要主席負責作成議事錄是有序可尋，順理成章。但是仔細分析，會議終了之後，才能對會議經過作記錄，議事錄作成不是審議對象，與議事無關，不屬於主席的權限義務範圍，又議事錄作成之事務處理，也是公司業務執行事項所包含之範圍，將議事錄作成劃歸到業務執行機關之一，由董事長負責是合情合理。

　　公司法不僅要求議事錄的作成，議事錄的分發，議事錄的備置以及供查閱抄錄也一起被要求（第210條）。議事錄備置義務人是業務執行機關之董事長，議事錄的備置是以議事錄作成為前提，兩者密切關聯，兩者均由業務執行機關之董事長一起負責，比較自然。但是，我國公司法採股東會主席由董事長當然兼任，所以此處的論爭在我國公司法是無味之爭，沒有區別的必要性。只是在董事會以外所召集的股東會情況，就另當別論，例如由少數股東或過半數股東召集的股東

會，是在董事長缺席之下所召開，主席是由召集人互選產生，此時董
事長非當然主席，要求未參與開會之董事長作成議事錄，即不合理也
不可能。只好指定主席擔當，別無他途。依照以上理論解析之文脈又
見之，在採用法定董事長兼任股東會主席之前提下，議事錄作成義務
人是會議主席，我國公司法之規定，確是極具智慧之作，令人頷首。

　　議事錄作成時期，法無明文規定，在股東會閉會同時作成議事
錄是最為理想，但是，實際上確實很困難，由於資料彙集整理需要時
間，無法在開會當日作成者居多，則應當於什麼時期作成，法無規
定，理論解釋應是合理適當期間內作成之抽象基準，須訴之於股東會
規模情況，依個案來判斷。或可明確地說，最少應在會後二十日內作
成，始能應付期限前發送的要求。

## 第三節　議事錄記載內容

　　股東會議事錄是針對股東會決定事項，以及決議可否之決定過程
所作的紀錄。因此股東會議事錄記載內容，是以議事經過、議案成立
或不成立之事實為基本，再加上議事運作有關事項之記載已足。故本
書將議事錄記載內容分成二個具體項目，逐項討論之。

## 一、議事經過以及結果

　　議事經過是從股東會宣布開會起到宣布閉會止，這中間的審議
過程。具體內容又可細分為，股東會成立之有關事項、報告事項以及
決議審議事項等三部分。股東會成立有關事項包括出席股東數、委

託書代理行使、書面投票以及電子投票等。報告有關事項則是報告內容以及質問、回答之發言事項。決議之審議事項有議題議案內容、提案人、提案人之議案旨趣說明，以及質問、回答等發言事項。議事錄並非要求以上事項之事實，皆逐字逐句如實的記錄，而要領的記載即是。例如質問應答，不必一問一答逐一具體記載，只要將其要領或總結式的記載就足夠。與議事無關、不影響議事進行事項，則可省略不必記載。

有關決議審議事項，決議成否結果是絕對必要記載，此外，決議表決方法如採用投票方法表決，贊成、反對雙方之票數，以及會議中途提出的修正案、臨時動議，其內容、處理方法與決議結果，均是必要記載之內容。

## 二、議事運作有關事項

議事運作有關事項的記載內容，包括：1. 股東會召開日期、場所；2. 股東會出席股數、董事、監察人人數及姓名；3. 主席之姓名以及簽名或蓋章。其中，第1項之內容包含繼續會的日期、場所，另外如會場分成數個場地時，其情況與處置之概要。第3項有關主席的記載有個例外，就是一人公司的情形；一人公司股東人數僅一人，股東會之意思決定由一人股東決定，無法構成會議體，自然沒有主席的存在。一人公司的股東會依然須要作成議事錄（依公司法第128條之1第1項規定，由政府或法人股東一人所組織之股份有限公司，該公司之股東會職權由董事會行使，不適用本法有關股東會之規定）。

最後，議事錄作成書面並經主席的簽名或蓋章而告成。議事錄要

求簽名或蓋章是爲防止議事錄的僞造，證明是眞實的議事錄，但無法證明內容的眞實性，倘若議事錄記載內容與事實有違，仍然以事實爲準。也可以說簽名、蓋章的要求，並無法完全解決僞造以及眞實性的問題，所以要求主席簽名、蓋章之意義並不大。

## 第四節　議事錄之分發與備置保存

### 一、議事錄之分發

股東會之決議事項，應作成議事錄，並於會後二十日內，將議事錄分發各股東（第183條第1項）。股東會是公司最高意思決定機關，股東會決議對公司全體具有拘束力，公司各機關以及全體股東均不得違反，股東會所作的決議，當然就得讓公司上下周知，以便遵從。議事錄必須分發各股東，就是爲這個目的而定的制度之一。

將議事錄分發各股東，所指的股東究竟是全體股東，還是只限於股東會出席之股東？如果從議事錄是針對股東會議事全程要領性的記錄觀點，認爲會議參與者才有資格持有該記錄資料，其他未出席會議之股東則可透過查閱備置議事錄而獲知，也非無理的說法。但是，議事錄是脫離股東會會議體而作成，與股東會沒有關聯性，純屬於公司的文件資料，每位股東都有權分享，而且股東會決議對其他未出席會議之股東也有拘束力，因此分發議事錄給各股東時，是不分出席不出席，每位股東均應分發。

將議事錄分發各股東，是命令誰分發，也就是分發義務人是

誰，是主席還是董事會要負擔分發工作。按前述議事錄的作成，已與股東會議事無關，是股東會閉會後的事務處理，屬於董事會業務執行的範圍，議事錄的分發更是業務執行的一環，應由董事會負責分發。

議事錄分發各股東採發送主義，而不計有否送達。議事錄可以用電子方式作成，同樣也可以採電子方式分發，即將議事錄記載事項作成電子紀錄，直接將電子紀錄發送到股東電子信箱的做法。

## 二、議事錄之備置與供查閱或抄錄

董事會應將歷屆股東會議事錄，備置於本公司或股務服務代理機構，股東及債權人得檢具利害關係證明文件，指定範圍，隨時請求查閱或抄錄（第210條第1項、第2項）。公司最高意思決定機關股東會的決議事項作成議事錄分發各股東，是周知股東的積極做法，而將議事錄備置於本公司，等待股東或債權人有需要時，隨時得前來查閱或抄錄利用，是消極做法。前者雖較具積極性但是為一時性，後者雖然消極但是具有持久性，故不能輕忽備置的作用。

股東會議事錄備置與章程及財務報表一樣，備置義務人同為法定董事會，董事會是會議體無法實行備置，委任董事長實行，因此通常都以董事長名義備置。備置處所在公司所在地或股務服務代理機構均可。備置目的是供股東查閱或抄錄，屬股務服務環節之一，公司股務服務如設有代理機構時，必須在代理機構備置議事錄，始能提供查閱或抄錄服務。

議事錄的備置，能不能採用電子方式，法無明文規定。依議事

的作成已明文規定得以電子方式爲之，相關聯事項，類推同樣處理，似乎沒有什麼不可之理由。

議事錄電子化是議事錄記載內容，記錄保存在本公司的電腦網頁上，股東透過網際網路，查閱或下載網頁中議事錄內容的做法。

議事錄備置目的，是要提供股東或債權人查閱或抄錄，所以股東出具利害關係證明文件、指定範圍，隨時請求查閱或抄錄。出具利害關係證明文件係指身分地位證明，說明查閱或抄錄之目的以及目的的證明文件，指定查閱或抄錄事項及範圍，在公司或代理機構之營業時間內，隨時可以請求查閱或抄錄。目的不正當之請求是一種權利濫用行爲，公司可以拒絕，又泛無範圍而無特定查閱對象，以及營業時間外的請求，公司同樣可以拒絕，惟對於股東請求目的不正當，公司擬予拒絕者，公司負主張以及舉證責任。

代表公司之董事，違反規定不備置議事錄，或無正當理由而拒絕查閱或抄錄者，要受罰鍰處罰，此外，對公司以及股東均會有債務不履行之損害賠償責任發生之可能。

## 三、議事錄之保存

股東會議事錄保存期間，依公司法第183條第4項規定，在公司存續期間應該永遠保存，並無期間限制。同理，議事錄之備置也隨之無年限限制，歷屆議事錄都必須備置。

# 第十章
# 股東會決議之瑕疵

## 第一節　總說

　　現今經濟活動之重要主體，中小企業公司以及家族企業公司之中，經常沒有股東會開會事實，或者雖有召開股東會但沒有決議之事實，卻不分青紅皂白，若有其事的將虛有不存在的決議事項作成記錄，向主管機關申請登記並公諸於世，這樣的事頻繁的發生，已成為常態性的現象。即使真有股東會之決議事實，但做成該決議之程序有顯著之瑕疵，殊難認定為有效之決議者，更是層出不窮。由於股東會開會程序十分繁雜，相關規定也很細緻，所以除前述之重大瑕疵外，發生比較輕微的瑕疵，也是難以避免。

　　公司的各種活動，多由股東會決議來啟動，並遵循著股東會決議去推展，若股東會決議存有瑕疵，它的效力一時無法確定，所涉及公司以及眾多利害關係人之權益，要何去何從，會讓人舉棋不定。決議效力應盡早確定，這是至上的命題，但是在立法規範判定股東會決議瑕疵之效力時，必須考慮到公司內部股東與外部利害關係人等之利益，公司內部法律關係之安定性，以及公司外部關係人之交易安全，這些利害關係間之合理調和，不僅必須趕快處理，又得謹慎行事，不容輕忽處理。

　　股東會是公司最高決定機關，所作的決議是公司的意思表示，又股東會是合議體制經由決議作成組織性的意思表示，即是意思表示，就是法律行為之一種。通常法律行為之意思表示有瑕疵時，依民法之一般原則，該法律行為不成立或無效，對其不成立、無效，「任何人」「任何方法」「任何時候」都可以主張，若公司法沒有特別規定，亦應如此適用。

　　但是股東會之決議如不為例外，而適用民法一般原則，無限制的主張無效時，因公司之利害關係人眾多，又以決議為基礎建構起繁雜眾多的法律關係，會帶給利害關係人不測之損失。加上時間經過，不明確之瑕疵判斷困難徒增紛擾，帶來公司間之法律關係不安定之危險。鑑於此，各國法制對於股東會瑕疵之處理，多多少少做了些特別規範。對此，我國公司法規定決議無效以及決議撤銷等兩種對應制度，但是對於理論上公認的另一種瑕疵──決議不存在，卻不管不理，係由一般法理加以論處。又我國公司法企求法律關係之安定性與劃一性，乃將股東會決議之瑕疵，劃分為程序上之瑕疵與內容上之瑕疵，按其瑕疵之輕重設定決議之撤銷、決議之無效以及決議之不成立之三種不同效果制度。

　　本書不拘公司法有否規定，將決議不存在、決議無效、決議撤銷等三者併列，分別分析研討如後。

## 第二節　決議不存在

　　廣義決議瑕疵之中，查其決議成立之過程，顯著違反法令，以公司法所定的會議體股東會性格來看，徹頭徹尾難予認定其存在。這種情況，在外觀上也不存在可認定的決議事實，與其說是決議瑕疵，還不如說是決議不存在，較能貼切的說明；因而不承認其決議效力，乃是一般之論。對此決議不存在，公司法並未特別規定，依一般法理原則，任何人在任何時間都可以主張決議不存在之抗辯。同時，也可以提起決議不存在確認之訴。

# 一、不存在的事由

股東會決議不存在的事由，大致可分為決議事實不存在，以及決議事實存在但有顯著重大的瑕疵兩種情況：

## (一) 決議事實不存在

最典型的事例是欠缺決議成立之要件，卻若有其事地將決議內容向主管機關申請登記，加以公示揭露，或將決議內容作成會議紀錄。再者，股東會法律上必須有「集會」（Meeting）的形態存在，而以書面或口頭獲取多數股東的同意，並非決議通過，也是屬於決議不存在的案例。

股東會決議不存在而將其登記，構成不實登記，公司交易對方可援依不實登記效力尋求保護，不實會議紀錄對善意第三人也可依據一般外觀之法理或誠信原則等獲取保護。

## (二) 決議事實存在但有顯著重大的瑕疵

股東會之召集必須經董事會決議，再由公司代表人或代理人通知召集，欠缺董事會決議以及合法代表權或代理權而為之召集，就會構成要件欠缺，決議不存在的事由。又權限行使有重大瑕疵或召集通知有重大遺漏的情形，也是同樣的情形。具體的例子，債權人或股東召集的股東會，或者是由監察人、董事長以外的董事所召集的股東會所做的決議，其決議不能成立，是決議不存在的問題。

欠缺董事會決議，且是無權限人所召集的股東會，其所為之決議是不存在，無可置疑，這個原則下，將導致一連串決議不存在現象發

生。具體的例子為：先行的股東會選任董事之決議被判定不存在，在此決議不存在之股東會所選出之董事，組成之董事會又選任董事長，如此情況下，依此董事會之決議，而由董事長召集之股東會所為之決議效力如何？在日本判例中，該後行的股東會決議被視為決議不存在（日本最高裁判所第三小法庭平成2年4月17日判決，民事判例集，44卷3號，526頁）；但是，如果後行股東會是股東全體出席時，其結果不同，蓋後行股東會雖由不合法之董事會所決議召集，但全體股東已出席開會，不待董事會決議及董事長召集，後行股東會之決議成立。

反之，欠缺董事會決議，董事長所為的召集，則不是決議不存在而是決議得撤銷問題。再者，有董事會之決議，但由無權限之人召集時，又將如何？重視代表權外觀之瑕疵，以形式立論者主張是決議不存在（日本判例採此立場）。強調股東會之實質基礎，董事會決議存在，一般股東對代表權之有無不太關心也不易辨別，因此認為以決議撤銷處理為妥（日本學說之通說）。

對股東會召集有顯著之遺漏通知事件，究屬決議撤銷抑或決議不存在何者為是？也存在諸多爭論。例如，股東人數9名，發行總股數5,000股，董事長也是股東之一，但只對其中2位股東以口頭通知，而其他6位持股數總計2,100股之股東並未通知，對於該股東會所為決議，法院判決認為決議不存在（日本最高裁判所第二小法庭昭和35年10月3日判決，民事判集12卷14號，3053頁），而此判決是將股東數以及股東兩者均列為判斷基準，但是學界指摘股東數並非股東會決議基準，而主張應僅以股數為判斷基準。

再者，股東會召集權限受制約的問題，也值得討論。例如股東會之召開受假處分禁止召開之情形下，違反假處分召開的股東會所做

的決議，多數說認爲，此時假處分是對假處分債務人之會議召開機能爲一時剝奪的形成效果，違反假處分的召開就如同無權限人召開一樣，是決議不存在（上柳二鴻二竹內編，新版注釋会社法（5），389頁）。對此見解，另有認爲：股東會禁止召開之假處分，是針對董事違法行爲制止請求權的保全權利，也是對董事課以不作爲義務，違反假處分之董事召集，則是對公司的義務違反，並不構成決議不存在問題之少數有力說也有之（竹下守夫，ジエリスト201號，20頁）。

## 二、決議不存在確認之訴

決議不存在之抗議主張，任何人、任何時、任何方法都可以主張是當然之事理，因此決議不存在以提起確認之訴，也當然無可置疑，但是，確認之訴效力應是如何？公司法沒有特別規定，呈現意見不一，有必要深加檢討。

適用無效確認訴訟的一般原則，是向來一般的見解，也就是效力僅及訴訟當事人即公司與訴訟股東間發生效力而已。但是，單純以無效確認訴訟性質之考量，做出如此解釋，似是淺顯之見，有所欠妥。蓋由股份有限公司之社團其意思決定形成之決議性格觀之，決議無效以及決議不存在，也即爲決議效力不發生之事，對社團關係人（股東、董監事以及其他社團構成員）全體形成劃一性，普及性的效力或稱之對世效力的形成，是必然且必要的要求，否則將無法展開團體統一性的行爲。因此決議不存在確認之訴效力，僅拘限在公司與訴訟股東當事人間之解釋，殊難認同。

又集體性之法律關係爲求劃一性之確定之必要，可以公告被告已

為提起決議不存在確認之訴。關於該訴訟之訴訟當事人、訴訟手續、判決效力等事項，完全與後述決議無效確認之訴相同。

　　對於公司之局外人即股東以外的第三人，譬如對公司的債權人也生拘束力，憑法解釋是遠不可及，必須有特別規定始能有效。決議不存在確認之訴之效力，在公司社團範圍內之全體關係人具有對世效力，單以法解釋即能達到目的，但是效力要及於局外第三人，務必要求助於立法，因此依立法論立場，決議不存在以及決議無效之確認訴訟，局外第三人可否提起以及效力是否所及等諸問題，學界實有必要深入檢討，以作為立法之準備。

## 第三節　決議無效

## 一、前言

　　與上述之決議不存在的情形迥異，一見外觀上股東會是成立，只是決議成立手續或者內容有所違法法令或章程，不拘決議犯有瑕疵，仍然以決議成立之前提下，常態般的進行社團關係以及交易關係之行為。鑑於公司關係之法的確定性以及團體關係之劃一性要求，這種情況委由民法一般原理處理，必定無法獲得妥當結果，因此各國立法均以特別立法規律之。我公司法也不落人後，基本上將決議瑕疵分為，決議成立手續有關之瑕疵及決議內容有關之瑕疵，前者規定為決議之撤銷（公司法第189條），後者為決議之無效（同法第191條）。前者又是形式的瑕疵，以撤銷之訴解決，後者是實質的瑕疵，以無效確認之訴解決。這樣形式的瑕疵＝決議撤銷，實質的瑕疵＝決議無效的區

分方法，在各國的立法例中絕無僅有，係日本法的獨創制度，而我國是仿效日本的立法。

這種區分方法是或合理疑問點甚多。首先無效（invalidity, nullity; unwirksamkeit, nullite'）與撤銷（Anfechtung; rescision）之本質上的差異是，對瑕疵之主張權保留給特定人與否之別。換言之，股東會決議之瑕疵（法令或章程之違反）本來是公司社團構成員形成股東會機關意思決定上之瑕疵，原則上應將瑕疵之主張權保留給社團構成員股東，這樣也符合公司關係法確定性之要求，因此決議瑕疵全部劃為決議撤銷為原則，少數例外為決議無效，才是合理的立法，也與各國法例融合（瑞士債務法第706條，德國股份法第195條）。

按我國現行法規定，決議內容違反章程是屬於決議無效，章程實質意義是公司的自治事項，僅對社團關係人發生可拋棄性質之利益或權利，因此章程違反之瑕疵主張，應限定於公司關係人即股東，所以應是決議撤銷。再者，決議內容違反公司法等法令時，除非是違反公司法本質以及基本原則，或公序良俗之內容外，也應以決議撤銷處置較為妥當。

再從股東會決議本質角度深入探討，決議權行使瑕疵與決議瑕疵是不同性質，構成決議之各個股東之決議權行使，因無效或撤銷之主張而成為無效時，是否當然構成決議之瑕疵，其效力如何也是問題。團體獨特的意思決定方法，是透過機構的多數決而形成，該機構本身是無個性的無機體，機構是由多數股東所組成之集合體，以決議方式機械性的決定公司的意思，因此各個股東決議行使之瑕疵當然不直接成為決議之瑕疵。必須經由減除無效的表決權行使，再計算結果，是否達到決議成立的必要表決權數，完全是客觀事實，機械式的判斷

決定。當判斷未達決議成立必要數時，應當只構成決議撤銷之事由而已。

## 二、無效事由

（一）依現行法規定，決議內容違反法令章程即構成無效事由之一般規定，具體事項例如：股東平等原則之違反，有限責任之忽視導致股東侵害債權人之權益，股東會法決定決議事項以外之決議，章程規定董事人數之超額選任決議等等。但是，以立法論立場，對違反章程之決議視為決議無效無法苟同，已如前述，於此再追加一項理由，蓋違反章程規定之決議可視為章程變更手續之省略，倘若章程變更之定額數等有所欠缺時，也只是決議撤銷之事。

對於董事選任議案，股東會決議交由主席全權辦理，如此決議效力如何？日本判例認為是決議方法違反法令，判為決議撤銷案件，但是一部分學者卻將其視為決議內容的違反，而有應以決議無效處理之見解。

又如董事報酬議案，股東決議交由董事會處理之決議，又將是如何？日本判決判示，不拘明示或默示，決議附帶有支付基準，即有具體的金額、支付方法、分配基準等等之情形，視為決議無瑕疵（日本最高裁判所第二小法庭昭和39年12月11日判決，民事判例集，第18卷10號，2143頁；同昭和44年10月28日判決，判例時報第577號，92頁；同昭和48年11月26日判決，判例時報第722號，94頁）。換言之，未滿足上述基準條件的交辦決議是無效。

　　（二）決議內容雖不具體直接違反法令，但是內容實質違反公司本質及基本原則或違反公序良俗時，也應是決議無效。例如違反股東有限責任原則，違反股份自由轉讓原則，違反公司法不認可股份種類之發行等等之決議，或者是股東會決議將公司營業目的改爲走私或販賣毒品之決議，前者屬於違反公司本質之決議，後者是違反公序良俗決議，均爲顯著不當之決議內容，當然無效。

## 三、無效的主張

### (一) 提起訴訟

　　「股東會決議之內容，違反法令或章程者無效」，公司法（第191條）僅做此規定，對於無效的主張方法隻字未提，按一般法理，無效的主張，任何人、任何時間以任何方法都可以主張，因此決議無效之主張，以提起訴訟方法以及訴訟以外任何方法均可爲之。

　　但是已如前所述，股東會的決議是股份有限公司社團之意思決定，必然的牽涉關係人眾多，層面廣泛，關係多數人的決議，任何人自由主張有效無效，團體關係秩序將無法維持，鑑於此，劃一性的決議效力是必要的，因此決議無效之主張方法，有必要限定能以具有對世效力之提訴方法，才能達到劃一效力的目的，並且判決無效的效果，不僅對公司與當事人之股東，應及全體股東以及其他公司關係人，此爲立法論所期待的願景。

### (二) 當然無效

　　決議無效原則上應以訴訟主張是立法論的想法，但是股東會的

決議內容違反公序良俗，違反公司本質等，性質屬於「不具法律意義事項」（Wirkungslos），當然無效。這種當然無效之決議，無須訴訟方法主張，任何人任何方法都可以主張。因此，這裡所指之當然無效與第191條規定之決議無效迥然有異，兩者應區開來論處，比較妥當。

### (三) 無效之訴的效力

　　無效判決具有對世效力，且是溯及效力，即溯及到決議當初開始無效，此是依一般法理的解釋，也是通說的見解。

　　對於溯及既往無效之效力，本書殊難贊同，尤其是考慮公司社團性的營運作爲，在決議成立前提下，全面展開社團關係行爲以及對外交易行爲，如此進展累積下來的多層複雜法律關係，以決議無效而溯及既往加以否定，一來違反法安定性的要求，再來錯綜複雜之法律關係，實際上事後已無法恢復原狀。

## 第四節　決議之撤銷

## 一、概說

　　股東之召集程序或其決議方法，違反法令章程或議事規則時，股東得於一定期間內，主張決議瑕疵，訴請法院撤銷決議。因此，決議撤銷制度是股東會決議有效之前提下，事後以訴訟方法將決議效力溯及既往失效。與以決議內容違反法令章程爲核心問題之決議無效制度，以及以決議事實不存在或顯然無法評爲決議爲重點之決議不存

在制度，理論上是截然不同。但是，實際上難分難解的事例不少。例如，欠缺董事會決議，董事長逕自召集之股東會決議，或者大量股東漏通知之股東會決議，究竟是屬於決議撤銷抑或是決議不存在，殊難判明。又董事會所編製之公司財務報表未經監察人監查，即提股東會承認決議之效力，是決議撤銷還是決議無效，法院判決與學說見解不一，迄今仍無解。

其次，決議撤銷之訴與決議無效之訴，兩者關係也爭論不休，一團紛亂。大致上有嚴格說、轉換說以及一元論等諸說林立。一是訴求撤銷，另一是訴求確認，兩者訴訟標的物不同，原告訴求錯誤，即駁回請求，這是嚴格說的看法。再提起決議無效之訴中，將撤銷原因也一併主張，當撤銷要件充足時，原告可以主張撤銷之訴審理，這是轉換說。前面兩說立足於撤銷與無效之訴訟物不同，一元論則認為兩者都是以宣告決議無效為目的，為同一個訴訟物，沒必要區分。引來這種混亂局面，應歸咎於以決議手續與決議內容為區分基準之錯失。

## 二、撤銷之事由

具體撤銷事由層出不窮，不勝枚舉，將重要常見者例舉如下：

1. 欠缺董事會議之召集（但是加上無權限人召集即成為決議不存在）。
2. 一部分股東漏召集通知（但是大量股東漏召集通知即成為決議不存在）。
3. 召集通知期間不足。
4. 召集通知以及參考資料記載不完備，常見之例，開會地點不

記載,會議目的不記載或不具體等。

　　5. 股東常會承認之各項表冊與報告,未事先備置或備置期間不足。

　　6. 說明義務違反,例如董事報酬決議案,股東質問支付基準,公司拒絕說明。

　　7. 對股東提案權以及議案通知請求權處置不當。合法的提案權行使或通知請求權行使,公司置之不理或處理不當,致使股東權利行使受損。

　　8. 出席表決權數不足。

　　9. 臨時動議選任董事,臨時動議與會前提案是程序之別,所以是撤銷問題,但是禁止臨時動議選任董監事,是屬於強行規定,應是無效問題,二者意見分歧。

　　10. 未經監察人監察之財務報表承認決議,是撤銷問題還是無效問題,已如前述存有爭議。

　　11. 出席困難之開會日期或地點的設定。

　　12. 不公正的議事運作,例如主席主持開會時,對於股東合法的提出修正案,置之不理,或對股東發言權作不當之阻止。

　　13. 利害關係人不迴避而參與議案決議。

　　14. 決議內容違反章程。按現行法規定(公司法第191條)決議內容違反章程與違反法令,同等是決議無效事由,但是本書在上面已經檢討過,決議內容違反章程是屬於決議撤銷處理,才合乎法理,日本知錯必改,已於2005年会社法立法之際,將決議內容違反章程,改為撤銷事由(会社法第831條第1項第2款)。

# 三、撤銷權人

決議撤銷之訴股東是法定提訴權人，除股東之外公司關係人、董事、監察人、清算人等有否提訴權，因法無明定，有待加以檢討。

## (一) 股東之提訴

股東之中，不能行使表決權之股東，是否也有撤銷訴訟之原告資格，如無表決權股，持有自己股或相互持股之股東都是該當股東。按傳統通說，認為撤銷訴訟權是立基於表決權存在之前提，表決權不存在者，訴權當然不能有。但是，近時看法轉變，解除撤銷提訴權與表決權的關聯性，撤銷訴權是建構於要求從事經營應遵從法令、章程。因此，當公司之正當意思形成犯有瑕疵之時，對該病理現象之阻止糾正，所有股東均有撤銷權，是必然且是至善的結論。按此近時的思想傾向，在此所謂之股東，不拘對股東會決議之贊同與否，是否為參與決議時的股東，或對此決議結果有否利害關係，均可以一概不問。

其次，民法對一般社團之規定，社員對於總會決議之撤銷訴權設有限制，即出席社員，對召集程序或決議方法，未當場表示異議者，不得行使（民法第56條）。該基準法之規定，對公司股東會之決議是否適用。認同上述近時對股東會決議撤銷權的思想，排除適用是非常明顯的結論。再查該民法之規定，係為防止社員濫訴是主要立法旨趣。但是，我公司法也順從時下立法傾向，擴大法院對公司關係之介入，於2001年公司法增訂第189條之1，規定法院對於撤銷決議之訴，認為違反之事非屬重大且於決議無影響，得駁回請求，授予法院駁回裁量權，加上股東之訴求顯得不當時，法院可裁量要求提供擔保，這兩個制度法院適切運用，股東濫訴當然能適當阻止，因此對於阻止濫訴之目的而言，不適用民法規定，並無太大不便或不利。

　　股東資格必須起訴時持續到撤銷之訴判決確定時止，一直要持有公司之股份，如在訴訟進程中，喪失股東資格，即原先訴訟之適格也隨之喪失。若股東資格喪失是因死亡，則繼承人繼承被繼承人之股份而繼受股東資格，亦繼受原先訴訟之適格；如是因股份轉讓而喪失股東資格，則受讓人不受讓原告訴訟之適格。

## (二) 董監事之提訴

　　依公司法第189條規定，股東會之召集程序或其決議方法，違反法令或章程時，股東得自決議之日起三十日內，訴請法院撤銷其決議。如依條文之決議撤銷權人只提股東而已，但是董事、監察人以及清算人若於股東會解任董事、監察人及清算人之決議撤銷時，其地位能回復時，應認定有原告適格，蓋因渠等主張決議瑕疵有其訴訟利益存在。因此，解任決議之被解者，選任決議沒被連選連任者，這些人於該決議一旦被撤銷時，即能溯及既往地回復其原有地位，均應認定有原告之適格。

# 四、提訴期間

## (一) 三十日的除斥期間

　　股東得自決議之日起三十日內，訴請法院撤銷其決議。三十日是除斥期間，三十日經過股東未以決議過程有關程序以及方法之瑕疵為理由提起訴訟者，對於該決議之效力，則不容許再有爭議。

## (二) 撤銷事由之追加

　　股東應於除斥期間內提起訴訟，但是訴訟期間長期纏延並不是罕

事，決議效力懸空不決，法律關係持續不安定，是無可奈何之事。如在訴訟進行中，原告不斷追加提出撤銷事由，必然導致判決更往後拖延。鑑於此，撤銷事由之追加，是否應當設限，亦成為一項問題。

依撤銷之訴設定除斥期間之目的，是要儘早快速使決議效力明瞭化，以資確保法的安定性。因此，撤銷事由追加應在除斥期間內為限，否則沒完沒了的追加提出，形成恆久性的法律關係不安定狀態，正面否定設定除斥期間之意義，這是一派的持論。而另一派的說法，認為除斥期間是針對撤銷之訴而設，但是事由追加是訴訟進行中訴訟當事人攻擊防禦的技術性問題，對一個撤銷訴訟沒有追加或變更的影響，在訴訟期間允許雙方攻防充分展開，才能達成公平公正之判決，因此，訴訟期間事由追加不可設限。本書認為應以後說較符合法理，對於事由追加不可設限為妥。

## (三) 提供擔保

股東提起決議撤銷之訴時，被告公司陳明股東提訴是出自惡意，並無正當目的，係意圖製造麻煩騷擾公司等理由，請求法院命令原告股東提供相當之擔保，資以防止股東之濫訴，以防侵害公司之權益。綜觀各國公司法之立法，普遍有此裁定提供擔保制度之規定，而我公司法卻沒有規定，在未立法趕上之前，民事訴訟法上之命令提供擔保制度（民事訴訟法第96條以下）擴大解釋適用，做為一時彌補制度缺失之弊。

法院為裁定提供擔保，不僅限於第一審，第二、三審均可為之。這個擔保是對於公司可能發生的一切損害所提供之保障，原告股東不在法院裁定期間內提供擔保，法院得不經由口頭辯論立即可將訴

訟駁回。

## (四) 法院之裁定駁回

　　法院對於撤銷之訴，認為違反之事實非屬重大且於決議無影響者，得駁回其請求（公司法第189條之1）。本條並非授予法院政策性的裁量權，嚴格來說是本條規定之要件事實滿足時，該條規定的法效果，法院應依職權裁定駁回請求，不問被告公司有沒有做此主張。

　　本規定法院裁定駁回權之目的，是對撤銷事由之中，召集程序或決議方法違反法令、章程時，縱使令決議撤銷而重新開會再為決議，其結果仍一樣沒變的情形，如仍囿於嚴格追究其瑕疵而撤銷決議，造成公司人力徒勞、貲費財力，也浪費社會成本。又本規定僅適用於召集程序以及決議方法之瑕疵，因此決議內容之瑕疵，或召集程序、決議方法之顯著重大瑕疵構成決議不存在之情形，一概不得適用。

　　裁定駁回要件，違反之事實非屬重大且於決議無影響，二個不同性質的要件重疊所產之效果。

　　駁回訴求要件判斷之要素，瑕疵重大或瑕疵輕微，影響決議或不影響決議，會產生四種組合，即瑕疵重大於決議有影響、瑕疵重大於決議無影響、瑕疵輕微於決議有影響以及瑕疵輕微於決議無影響等四種情形。前二者要件不滿足不構成駁回事由，蓋因瑕疵重大要不是形成決議不存在，就是形成決議無效事件，無法納入決議撤銷範圍之內。有待深入解折的是，瑕疵輕微且於決議已無影響的要件。最常被舉例的案例為：被遺漏召集通知之少數股東，其持有股數也很少，召集程序瑕疵非屬重大，但是該遺漏通知之股東係深獲其他股東信賴，

他的發言主張，眾多的股東都會無抗拒的順從，亦即其意見具有巨大影響力，該股東若出席，其動向一定會影響決議結果，此事實若被主張舉證時，法院即不得裁定駁回，此即瑕疵輕微但於決議有影響，要件不足的事例。又如：不是股東且無代理人資格，但卻參與議案表決權成立的決議，縱使將該違法投票之票數去除，所得贊成票數依然足夠支持決議成立，即被認定為於決議結果無影響。再者，表決權行使計票方法有誤，但能證明即使重新計票，決議成立之結果仍不會變動時，也被認定為於決議無影響。另有個實例：公司財務報表未經監察人監查，股東會即承認盈餘分配之議案，財務報表未經監察人監查，一般來說是重大瑕疵，但是監察人本來很容易可以監查，未為監查是監察人不經意所致，因此被認定瑕疵輕微；再者，該公司發行總股數之百分之八十以上股數之股東已承認，並且其中持有過半數股數之大股東也贊成，法院由以上事實認定違反瑕疵非屬重大且於決議無影響，而裁定駁回。

## 五、判決效果

### (一) 對世效力

撤銷判決確定，判決效力對當事人以外之第三人也發生效力。對原告股東以及被告公司之當事人以外之股東，董事、監察人均要受其拘束，對於決議效力不得再有爭議。這是對公司團體意思效力的否定，性質上所致之結果，不拘法有無規定，均應作如此解釋。

### (二) 溯及效力

決議被提起撤銷之訴，並不因而立即變成決議無效，若無請求假

處分以停止業務執行，董事長不必停止業務執行，依然必須本著善良管理人注意義務，遵循決議旨趣去忠實執行。因此，決議的效力是因撤銷判決而失效，至於失效是溯及既往，從決議時發生，還是判決確定時開始發生，則有待詳論如下。

依本質論，按決議內容個別判斷，才是合理解決之道。例如，章程規定公司土地買賣、出租或同意競業等事項，必須股東會特別決議通過，違反此章程規定決議之撤銷，法律上並沒有規定決議是效力發生要件，所以該撤銷效力始自於判決確定並無不可。但是，對於營業讓渡、董事責任訴追免除、董事報酬決定、財務報表承認及盈餘分配等決議，當然要解釋為溯及既往無效。蓋因此等決議之效力，不溯及既往無效，則無法達成撤銷目的。

反之，決議成立前提之下，全面展開且持續進行之社團關係的營運作為以及交易行為，如此進展累積下來的多層複雜法律關係，溯及既往的否定，一來違反法安定性的要求，二來錯綜複雜法律關係，實際上已無法恢復原狀，即使不賦予溯及既往效力，也不會致使撤銷目的消失。鑑於此，決議撤銷效力否定溯及效力是一般的認識。尤其考慮公司社團性的經營作為，需要劃一處理事項居多，此時，以決議內容或個別關係人之善意、惡意，而區別溯及效力與否之解決方法，是絕對無法被接納，只能一律否定溯及效力。

## (三) 原告股東敗訴

提起撤銷訴訟之原告股東敗訴時，前述之對世判決效力不發生，蓋因決議撤銷失敗，並不發生積極性的確定決議的有效之效力，因此其他股東以其他事由提訴是不受限制。但是一般情況，判決確定

已超過三十日的提訴期間，其他股東擬另行提訴，也會因逾期提起訴訟而遭拒回。

　　原告股東敗訴時，被告公司舉證原告股東之提訴是出自於惡意或重大過失，原告股東對公司則應負連帶賠償責任。

# 附錄

# 附錄一　公開發行公司出席股東會使用委託書規則

民國109年2月27日修正

**第1條**
本規則依證券交易法（以下簡稱本法）第二十五條之一規定訂定之。

**第2條**
公開發行公司出席股東會使用之委託書，其格式內容應包括填表須知、股東委託行使事項及股東、徵求人、受託代理人基本資料等項目，並於寄發或以電子文件傳送股東會召集通知時同時附送股東。
公開發行公司出席股東會使用委託書之用紙，以公司印發者為限；公司寄發或以電子文件傳送委託書用紙予所有股東，應於同日為之。

**第3條**
本規則所稱徵求，指以公告、廣告、牌示、廣播、電傳視訊、信函、電話、發表會、說明會、拜訪、詢問等方式取得委託書藉以出席股東會之行為。
本規則所稱非屬徵求，指非以前項之方式而係受股東之主動委託取得委託書，代理出席股東會之行為。
委託書之徵求與非屬徵求，非依本規則規定，不得為之。

**第4條**
（刪除）

**第5條**
委託書徵求人，除第六條規定外，應為持有公司已發行股份五萬股以

上之股東。但股東會有選舉董事或監察人議案，徵求人應爲截至該次股東會停止過戶日，依股東名簿記載或存放於證券集中保管事業之證明文件，持有該公司已發行股份符合下列條件之一者：

一、金融控股公司、銀行法所規範之銀行及保險法所規範之保險公司召開股東會，徵求人應繼續一年以上，持有該公司已發行股份二百萬股或已發行股份總數千分之五以上。

二、前款以外之公司召開股東會，徵求人應繼續六個月以上，持有該公司已發行股份八十萬股以上或已發行股份總數千分之二以上且不低於十萬股。

符合前項資格之股東、第六條之信託事業、股務代理機構或其負責人，有下列情事之一者，不得擔任徵求人：

一、曾犯組織犯罪防制條例規定之罪，經有罪判決確定，服刑期滿尚未逾五年。

二、因徵求委託書違反刑法僞造文書有關規定，經有罪判決確定，服刑期滿尚未逾三年。

三、曾犯詐欺、背信、侵占罪，經受有期徒刑六個月以上宣告，服刑期滿尚未逾三年。

四、違反證券交易法、期貨交易法、銀行法、信託業法、金融控股公司法及其他金融管理法，經受有期徒刑六個月以上宣告，服刑期滿尚未逾三年。

五、違反第十條之一規定，經金融監督管理委員會（以下簡稱本會）處分尚未逾三年。

六、違反本規則徵求委託書其代理之表決權不予計算，經判決確定尚未逾二年。

## 第6條

繼續一年以上持有公司已發行股份符合下列條件之一者，得委託信託

事業或股務代理機構擔任徵求人，其代理股數不受第二十條之限制：

一、金融控股公司、銀行法所規範之銀行及保險法所規範之保險公司
　　召開股東會，股東及其關係人應持有公司已發行股份總數百分之
　　十以上，並符合下列條件之一：
　　（一）依金融控股公司法第十六條第一項、第三項、銀行法第
　　　　　二十五條第三項、第五項、保險法第一百三十九條之一第
　　　　　二項、第四項規定向本會申報或經本會核准者。
　　（二）合於同一人或同一關係人持有同一金融控股公司已發行有
　　　　　表決權股份總數超過一定比率管理辦法第十條、同一人或
　　　　　同一關係人持有同一銀行已發行有表決權股份總數超過一
　　　　　定比率管理辦法第十條或同一人或同一關係人持有同一保
　　　　　險公司已發行有表決權股份總數超過一定比率管理辦法第
　　　　　十一條規定者。

二、前款以外之公司召開股東會，股東應持有公司已發行股份符合下
　　列條件之一：
　　（一）持有公司已發行股份總數百分之十以上。
　　（二）持有公司已發行股份總數百分之八以上，且於股東會有選
　　　　　任董事或監察人議案時，其所擬支持之被選舉人之一符合
　　　　　獨立董事資格。

三、對股東會議案有相同意見之股東，其合併計算之股數符合前款規
　　定者，得為共同委託。

信託事業或股務代理機構依前項規定受股東委託擔任徵求人，其徵得
委託書於分配選舉權數時，股東擬支持之獨立董事被選舉人之選舉權
數，應大於各非獨立董事被選舉人之選舉權數。

信託事業或股務代理機構，具有下列情事之一者，於股東會有選舉董
事或監察人議案時，不得接受第一項股東之委託擔任徵求人或接受徵
求人之委託辦理代為處理徵求事務：

一、本身係召開股東會之公開發行公司之股務代理機構。

二、本身係召開股東會之金融控股公司之子公司。

第一項股東或其負責人具有前條第二項所定情事者，不得委託信託事業或股務代理機構擔任徵求人。

股東委託信託事業或股務代理機構擔任徵求人後，於該次股東會不得再有徵求行為或接受徵求人之委託辦理代為處理徵求事務。

前項股東為金融控股公司者，其子公司於該次股東會亦不得再有徵求行為或接受徵求人之委託辦理代為處理徵求事務。

第三項第二款及前項所稱之子公司，指依金融控股公司法第四條所規定之子公司。

股東會有選任董事或監察人議案時，第一項委託徵求之股東，其中至少一人應為董事或監察人之被選舉人。但擬支持之被選舉人符合獨立董事資格者，不在此限。

第一項第一款所稱關係人之範圍，依金融控股公司法第四條、第十六條第四項、銀行法第二十五條第四項、第二十五條之一第二項、保險法第一百三十九條之一第三項、第一百三十九條之二第二項規定辦理。

### 第6條之1

下列公司不得依第五條第一項規定擔任徵求人或依前條第一項規定委託信託事業、股務代理機構擔任徵求人：

一、金融控股公司召開股東會，其依金融控股公司法第四條所規定之子公司。

二、公司召開股東會，其依公司法第一百七十九條第二項所規定無表決權之公司。

第7條

徵求人應於股東常會開會三十八日前或股東臨時會開會二十三日前，檢附出席股東會委託書徵求資料表、持股證明文件、代為處理徵求事務者資格報經本會備查之文件、擬刊登之書面及廣告內容定稿送達公司及副知財團法人中華民國證券暨期貨市場發展基金會（以下簡稱證基會）。公司應於股東常會開會三十日前或股東臨時會開會十五日前，製作徵求人徵求資料彙總表冊，以電子檔案傳送至證基會予以揭露或連續於日報公告二日。

公司於前項徵求人檢送徵求資料期間屆滿當日起至寄發股東會召集通知前，如有變更股東會議案情事，應即通知徵求人及副知證基會，並將徵求人依變更之議案所更正之徵求資料製作電子檔案傳送至證基會予以揭露。

股東會有選舉董事或監察人議案者，公司除依前二項規定辦理外，應彙總徵求人名單與徵求委託書之書面及廣告中擬支持董事被選舉人之經營理念內容，於寄發或以電子文件傳送股東會召集通知時，同時附送股東。

第一項及第二項徵求人徵求資料彙總表冊，公司以電子檔案傳送至證基會者，應於股東會召集通知上載明傳送之日期、證基會之網址及上網查詢基本操作說明；以日報公告者，應於股東會召集通知上載明公告之日期及報紙名稱。

徵求人或受其委託代為處理徵求事務者，不得委託公司代為寄發徵求信函或徵求資料予股東。

徵求人非於第一項規定期限內將委託書徵求書面資料送達公司者，不得為徵求行為。


第7條之1

除證券商或符合公開發行股票公司股務處理準則第三條第二項規定之

公司外，代為處理徵求事務者應符合下列資格條件：

一、實收資本額達新臺幣一千萬元以上之股份有限公司。

二、辦理徵求事務之人員，含正副主管至少應有五人，並應具備下列
　　資格之一：

　　（一）股務作業實務經驗三年以上。

　　（二）證券商高級業務員或業務員。

　　（三）本會指定機構舉辦之股務作業測驗合格。

三、公司之內部控制制度應包括徵求作業程序，並訂定查核項目。

代為處理徵求事務者應檢具前項相關資格證明文件送交本會指定之機
構審核後，轉報本會備查，始得辦理代為處理徵求事務。

本會或本會指定之機構得隨時檢查代為處理徵求事務者之資格條件，
代為處理徵求事務者不得拒絕，拒絕檢查者，視同資格不符，且於三
年內不得辦理徵求事務；經檢查有資格條件不符情事時，經本會或本
會指定之機構限期補正，屆期仍未補正者，於未補正前不得辦理徵求
事務。

代為處理徵求事務者於第一項資格條件之實收資本額、人員異動及內
部控制制度之徵求作業程序修正時，應於異動或修正後五日內向本會
指定之機構申報。

代為處理徵求事務者之內部控制制度應由專責人員定期或不定期實施
內部稽核，並作成書面紀錄，備供本會或本會指定之機構查核。

未依前二項規定辦理，經本會或本會指定之機構限期補正，屆期仍未
補正者，於未補正前不得辦理徵求事務。

第7條之2

徵求人及代為處理徵求事務者應於徵求場所人員辦理徵求事務前，向
本會指定之機構申報，徵求場所人員非經申報，不得辦理徵求事務。

徵求場所人員異動時，應依下列規定辦理：

一、每年三月至六月期間人員異動者，徵求人及代爲處理徵求事務者
　　應於異動後五日內向本會指定之機構申報。
二、前述期間外人員發生異動者，於下次辦理徵求事務前向本會指定
　　之機構彙總申報。
徵求人及代爲處理徵求事務者，不得以未依前二項規定申報之人員辦
理委託書徵求事務，取得委託書。

第8條
徵求委託書之書面及廣告，應載明下列事項：
一、對於當次股東會各項議案，逐項爲贊成與否之明確表示；與決議
　　案有自身利害關係時並應加以說明。
二、對於當次股東會各項議案持有相反意見時，應對該公司有關資料
　　記載內容，提出反對之理由。
三、關於董事或監察人選任議案之記載事項：
　　（一）說明徵求委託書之目的。
　　（二）擬支持之被選舉人名稱、股東戶號、持有該公司股份之種
　　　　　類與數量、目前擔任職位、學歷、最近三年內之主要經
　　　　　歷、董事被選舉人經營理念、與公司之業務往來內容。如
　　　　　係法人，應比照填列負責人之資料及所擬指派代表人之簡
　　　　　歷。
　　（三）徵求人應列明與擬支持之被選舉人之間有無本法施行細則
　　　　　第二條所定利用他人名義持有股票之情形。
　　（四）第五條徵求人及第六條第一項之委任股東，其自有持股是
　　　　　否支持徵求委託書書面及廣告內容記載之被選舉人。
四、徵求人姓名、股東戶號、持有該公司股份之種類與數量、持有該
　　公司股份之設質與以信用交易融資買進情形、徵求場所、電話及
　　委託書交付方式。如爲法人，應同時載明公司或商業統一編號及

其負責人姓名、持有公司股份之種類與數量、持有公司股份之設質與以信用交易融資買進情形。

五、徵求人所委託代爲處理徵求事務者之名稱、地址、電話。

六、徵求取得委託書後，應依股東委託出席股東會，如有違反致委託之股東受有損害者，依民法委任有關規定負損害賠償之責。

七、其他依規定應揭露之事項。

徵求人或受其委託代爲處理徵求事務者不得於徵求場所外徵求委託書，且應於徵求場所將前項書面及廣告內容爲明確之揭示。

第一項第三款第二目之擬支持董事被選舉人經營理念以二百字爲限，超過二百字或徵求人未依第一項規定於徵求委託書之書面及廣告載明應載事項者，公司對徵求人之徵求資料不予受理。

股東會有選舉董事或監察人議案者，徵求人其擬支持之董事或監察人被選舉人，不得超過公司該次股東會議案或章程所定董事或監察人應選任人數。

## 第9條

徵求人自行寄送或刊登之書面及廣告，應與依第七條第一項及第二項送達公司之資料內容相同。

## 第10條

委託書應由委託人親自簽名或蓋章，並應由委託人親自塡具徵求人或受託代理人姓名。但信託事業或股務代理機構受委託擔任徵求人，及股務代理機構受委任擔任委託書之受託代理人者，得以當場蓋章方式代替之。

徵求人應於徵求委託書上簽名或蓋章，並應加蓋徵求場所章戳，及由徵求場所辦理徵求事務之人員於委託書上簽名或蓋章，且不得轉讓他人使用。

**第10條之1**

公司依第七條第一項規定將徵求資料傳送至證基會或於日報公告後，徵求人應依股東委託出席股東會。

徵求人不得於徵求委託書之書面及廣告內容記載徵求人得不出席股東會等相關文字。

**第11條**

出席股東會委託書之取得，除本規則另有規定者外，限制如下：

一、不得以給付金錢或其他利益為條件。但代為發放股東會紀念品或徵求人支付予代為處理徵求事務者之合理費用，不在此限。

二、不得利用他人名義為之。

三、不得將徵求之委託書作為非屬徵求之委託書出席股東會。

各公開發行公司每屆股東會如有紀念品，以一種為限，其數量如有不足時，得以價值相當者替代之。

徵求人或受託代理人依第十二條及第十三條規定，檢附明細表送達公司或繳交一定保證金予公司後，得向公司請求交付股東會紀念品，再由其轉交委託人，公司不得拒絕。

前項股東會紀念品交付予徵求人、保證金金額及收取方式之訂定，公司應以公平原則辦理。

**第12條**

徵求人應編製徵得之委託書明細表乙份，於股東會開會五日前，送達公司或其股務代理機構；公司或其股務代理機構應於股東會開會當日，將徵求人徵得之股數彙總編造統計表，以電子檔案傳送至證基會，並於股東會開會場所為明確之揭示。

**第13條**

非屬徵求委託書之受託代理人除有第十四條情形外，所受委託之人數不得超過三十人。其受三人以上股東委託者，應於股東會開會五日前檢附聲明書及委託書明細表乙份，並於委託書上簽名或蓋章送達公司或其股務代理機構。

前項聲明書應載明其受託代理之委託書非為自己或他人徵求而取得。

公開發行公司或其股務代理機構應於股東會開會當日，將第一項受託代理人代理之股數彙總編造統計表，以電子檔案傳送至證基會，並於股東會開會場所為明確之揭示。

**第13條之1**

公司召開股東會，委託書於股東會開會前應經公司之股務代理機構或其他股務代理機構予以統計驗證。但公司自辦股務者，得由公司自行辦理統計驗證事務。公司應將統計驗證機構載明於股東會召集通知，變更時，公司應即於公開資訊觀測站公告。

前項所稱驗證之內容如下：

一、委託書是否為該公司印製。

二、委託人是否簽名或蓋章。

三、是否填具徵求人或受託代理人之姓名，且其姓名是否正確。

辦理第一項統計驗證事務應依法令及內部控制制度有關委託書統計驗證作業規定為之；前揭作業規定，應依本會或本會指定之機構訂定之股務單位內部控制制度標準規範有關委託書統計驗證作業相關規定訂定之。

本會或本會指定之機構得隨時檢查委託書統計驗證作業；公司或辦理統計驗證事務者，不得拒絕。

自辦股務公司或股務代理機構違反第三項規定，經本會命令糾正或處罰者，不得再自行或為該違規情事所涉公司辦理股務事務。

第14條

股務代理機構亦得經由公開發行公司之委任擔任該公開發行公司股東之受託代理人；其所代理之股數，不受已發行股份總數百分之三之限制。

公開發行公司依前項規定委任股務代理機構擔任股東之受託代理人，以該次股東會並無選舉董事或監察人之議案者爲限；其有關委任事項，應於該次股東會委託書使用須知載明。

股務代理機構受委任擔任委託書之受託代理人者，不得接受股東全權委託；並應於各該公開發行公司股東會開會完畢五日內，將委託出席股東會之委託明細、代爲行使表決權之情形，契約書副本及其他本會所規定之事項，製作受託代理出席股東會彙整報告備置於股務代理機構。

股務代理機構辦理第一項業務應維持公正超然立場。

第14條之1

（刪除）

第15條

本會或本會指定之機構得隨時要求徵求人、代爲處理徵求事務者、受託代理人或相關人員提出取得之出席股東會委託書及其他有關文件資料，或派員檢查委託書之取得情形，徵求人、代爲處理徵求事務者、受託代理人或相關人員不得拒絕或規避。

第16條

公開發行公司印發之委託書用紙、議事手冊或其他會議補充資料、徵求人徵求委託書之書面及廣告、第十二條及第十三條之委託明細表、前條之出席股東會委託書及文件資料，不得對應記載之主要內容有虛

偽或欠缺之情事。

前項文件不得以已檢送並備置於證基會而為免責之主張。

## 第17條

（刪除）

## 第18條

委託書之委任人得於股東會後七日內，向公開發行公司或其股務代理機構查閱該委託書之使用情形。

## 第19條

公開發行公司對於徵求委託書之徵求人所發給之出席證、出席簽到卡或其他出席證件，應以顯著方式予以區別。

前項出席證、出席簽到卡或其他出席證件，不得轉讓他人使用，持有者並應於出席股東會時攜帶身分證明文件，以備核對。

## 第20條

徵求人除本規則另有規定外，其代理之股數不得超過公司已發行股份總數之百分之三。

## 第21條

第十三條第一項受三人以上股東委託之受託代理人，其代理之股數除不得超過其本身持有股數之四倍外，亦不得超過公司已發行股份總數之百分之三。

前項受託代理人有徵求委託書之行為者，其累計代理股數，不得超過第二十條規定之股數。

**第22條**

使用委託書有下列情事之一者，其代理之表決權不予計算：

一、其委託書用紙非爲公司印發。

二、因徵求而送達公司之委託書爲轉讓而取得。

三、違反第五條、第六條或第七條之一第一項規定。

四、違反第八條第二項規定於徵求場所外徵求委託書或第四項規定。

五、違反第十一條第一項規定取得委託書。

六、依第十三條出具之聲明書有虛僞情事。

七、違反第十條第一項、第十三條第一項、第十四條、第十六條第一
　　項或第十九條第二項規定。

八、徵求人或受託代理人代理股數超過第二十條或第二十一條所定限
　　額，其超過部分。

九、徵求人之投票行爲與徵求委託書之書面及廣告記載內容或與委託
　　人之委託內容不相符合。

十、其他違反本規則規定徵求委託書。

有前項各款情事之一者，公開發行公司得拒絕發給當次股東會各項議
案之表決票。

有第一項表決權不予計算情事者，公開發行公司應重爲計算。

委託書及依本規則製作之文件、表冊、媒體資料，其保存期限至少爲
一年。但經股東依公司法第一百八十九條規定提起訴訟者，應保存至
訴訟終結爲止。

**第23條**

出席證、出席簽到卡或其他出席證件，不得爲徵求之標的。

**第23條之1**

本規則規定有關書表格式，由本會公告之。

**第23條之2**

外國發行人募集與發行有價證券處理準則第三條所稱第一上市（櫃）公司、興櫃公司應準用本規則之規定。

第一上市（櫃）公司、興櫃公司依註冊地國法令，股票無停止過戶期間者，其召集股東會時，依第五條或第六條規定，計算委託書徵求人或委任徵求之股東持有股數時，得以該次股東會基準日之股東名簿或存放於證券集中保管事業之證明文件記載之股數爲準。

第一上市（櫃）公司、興櫃公司依其註冊地國法令規定，無法於股東常會開會三十日前發送召集通知書者，委託書徵求人應於證券交易所或證券櫃檯買賣中心規定之召集通知書最遲發送日八日前，檢附第七條第一項規定之徵求資料送達公司及副知證基會；公司應於召集通知書最遲發送日前，製作徵求人徵求資料彙總表冊，傳送證基會。

**第24條**

本規則自發布日施行。但中華民國九十四年十二月十五日修正發布之第七條之一修正條文自九十五年一月一日施行；九十五年十二月二十日修正發布之第五條及第六條修正條文，自九十七年一月一日施行；一百零二年四月十一日修正發布之第十三條之一修正條文，自一百零二年七月一日施行；一百零七年八月十六日修正發布之第五條及第六條修正條文，自一百零八年七月一日施行。

# 附件一　公開發行公司出席股東會使用之委託書格式
## （依據「委託書規則」第2條第1項規定）

委託書用紙塡發須知：

1. 股東接受他人徵求委託書前，應請徵求人提供徵求委託書之書面及廣告內容資料，或參考公司彙總之徵求人書面及廣告資料，切實瞭解徵求人與擬支持被選舉人之背景資料及徵求人對股東會各項議案之意見。

2. 受託代理人如非股東，請於股東戶號欄內塡寫身分證字號或統一編號。

3. 徵求人如為信託事業、股務代理機構，請於股東戶號欄內塡寫統一編號。

4. 其他議案事項性質依本規定列示。

5. 委託書送達公司後，股東欲親自出席股東會或欲以書面或電子方式行使表決權者，應於股東會開會二日前，以書面向公司為撤銷委託之通知；逾期撤銷者，以委託代理人出席行使之表決權為準。

6. 委託書格式如下：

| 委託人（股東） | | | 簽名或蓋章 | 編號 |
|---|---|---|---|---|
| 持有股數 | 股東戶號 | 姓名或名稱 | | |
| | | 徵求人 | 簽名或蓋章 | |
| | 戶　號 | 姓名或名稱 | | |
| | | 受託代理人 | 簽名或蓋章 | |
| | 戶　號 | 姓名或名稱 | | |
| | | 身分證字號或統一編號 | | |
| | | 住址 | | |

一、徵求人應具體載明：檢舉電話：（○二）二五○一七三一一。檢舉屬實者，最高給予檢舉獎金五萬元。

二、發現違法取得及使用委託書之購買委託書行為，請向集保結算所檢舉。禁止以給付現金或其他利益之代價購買委託書。

## 委託書

一、茲委託　　　　君（須由委託人親自填寫，不得以蓋章方式代替）為本股東代理人，出席本公司　　年　　月　　日舉行之股東常會（或臨時會），代理人並依下列授權行使股東權利：

□（一）代理本股東就會議事項行使股東權利。（全權委託）

□（二）代理本股東就下列各項議案行使本股東所委託表示之權利，下列議案未勾選者，視為對各該議案表示承認或贊成。

1.年度決算表冊承認案：(1)○承認(2)○反對(3)○棄權
2.年度盈餘分派案：(1)○承認(2)○反對(3)○棄權
3.增資案：(1)○贊成(2)○反對(3)○棄權
4.修改章程案：(1)○贊成(2)○反對(3)○棄權
5.選任董事、監察人事項。

二、本股東未於前項□內勾選授權範圍或同時勾選者，視為全權委託，但委託股務代理機構擔任受託代理人，代理人應依前項（二）之授權內容行使股東權利。

三、本股東代理人得於會議臨時事宜全權處理之。

四、請將出席證（或出席簽到卡）寄交代理人收執，如因故改期開會，本委託書仍屬有效（限此一會期）。

此　致

　　　　　　　　　　　　　　股份有限公司

授權日期　　　年　　月　　日

徵求場所及人員簽章處：

# 附件二 徵求人出席股東會委託書徵求資料表（依據「委託書規則」第7條第1項規定）

## 出席股東會委託書徵求資料表（一般法人、個人徵求時使用）

| 受文者 | | 股份有限公司 | | 發文日期 | | 年　月　日 |
|---|---|---|---|---|---|---|
| | | | | | | |
| 副本<br>收受者 | | 財團法人中華民國證券暨期<br>貨市場發展基金會 | | 股東會日期 | | 年　月　日 |
| 已發行股<br>份總數 | | | | 已發行股份總數之千<br>分之二 | | |
| 徵求<br>方式 | | 1□公告　2□廣告　　3□牌示　　4□廣播　5□電傳視訊 6□信函<br>7□電話 8□發表會 9□說明會 10□拜訪 11□詢問　　12□其他 | | | | |

| 徵　　　　　求　　　　　人 | | | | | | |
|---|---|---|---|---|---|---|
| 戶名 | 戶號 | 持有<br>股數 | 身分證字號<br>或統一編號 | 住址 | 聯絡電話 | 本人聲明已符合<br>「公開發行公司<br>出席股東會使用<br>委託書規則」所<br>定徵求人資格。<br>（簽名或蓋章欄） |
| | | | | | | |

| 申報<br>須知 | 1. 徵求之方式請於該欄□內以打勾方式註記（可複選）。<br>2. 持有股數欄，請填列本次股東會停止過戶日股東名冊上所登載之股數。<br>3. 請檢附徵求人身分證或法人登記證明文件及召集股東會之公告稿影<br>　　本各乙份，並檢具符合規則第5條規定之股東名簿記載股數及其他證<br>　　明文件及第8條規定之書面及廣告資料。<br>4. 若法人為徵求人，請加註負責人姓名、住址並檢具身分證影本。<br>5. 本備查資料表暨附件應以長29.7公分，寬21公分用紙（即影印用紙<br>　　A4）印製、標明頁數，裝訂成冊。 |
|---|---|

# 附件三 徵求人出席股東會委託書徵求資料表（依據 「委託書規則」第7條第1項規定）

**出席股東會委託書徵求資料表（信託事業、股務代理機構受託擔任徵求人使用，本表之委任人係指規則第6條委託之股東）**

| 受文者 | 股份有限公司 | | 發文日期 | 年　月　日 | |
|---|---|---|---|---|---|
| 副本收受者 | 財團法人中華民國證券暨期貨市場發展基金會 | | 股東會日期 | 年　月　日 | |
| 已發行股份總數 | | 已發行股份總數之百分之十 | | 委任人持有股數之合計 | |
| | | 已發行股份總數之百分之八 | | | |
| 徵求方式 | 1□公告　2□廣告　　3□牌示　　4□廣播　　5□電傳視訊 6□信函<br>7□電話 8□發表會 9□說明會 10□拜訪 11□詢問　　12□其他 | | | | |
| 徵求人（受任人） | | | | | |
| 名稱 | 營利事業統一編號 | | 地址 | 聯絡電話 | 公司章戳 |
| | | | | | |
| 委任人 | | | | | |
| 戶名 | 戶號 | 持有股數 | 身分證字號或統一編號 | 住址 | 聯絡電話 | 本人聲明已符合「公開發行公司出席股東會使用委託書規則」所定委託信託事業、股務代理機構擔任徵求人之資格。<br>（簽名或蓋章欄） |

| | | | | | | |
|---|---|---|---|---|---|---|
| | | | | | | |
| | | | | | | |
| 申報須知 | 1. 徵求之方式請於該欄□內以打勾方式註記（可複選）。<br>2. 持有股數欄，請填列本次股東會停止過戶日股東名冊上所登載之股數。<br>3. 請檢附下列文件：<br>　(1) 徵求人登記證明文件、召集股東會之公告稿影本及委任契約書副本各乙份，並檢具符合規則第8條規定之書面及廣告資料。<br>　(2) 委任人身分證、法人登記證明文件及符合規則第6條規定之證明文件各乙份(股東依規則第6條第1項第2款及第3款委任者，應出具其擬支持之獨立董監事，符合主管機關所定資格之聲明書）。法人為委任人，請加註負責人姓名、住址並檢具身分證影本。<br>4. 本資料表暨附件應以長29.7分公，寬21公分用紙（即影印用紙A4）印製、標明頁數，裝訂成冊。 |

# 附件四 徵求人擬刊登之書面及廣告內容定稿（依據「委託書規則」第7條第1項規定）

## 徵求委託書之書面及廣告（一般法人、個人使用）

| 召開股東會公司 | | 股東會日期 | 年 月 日 |
|---|---|---|---|
| 徵求人資料 | | 徵求人（法人）之負責人 | |
| 戶 名 | | 姓 名 | |
| 戶 號 | | 持有股數 | |
| 統一編號 | | 持股設質與以信用交易融資買進情形 | |
| 持有股數 | | | |
| 持股設質與以信用交易融資買進情形 | | 徵求人所委託代為處理徵求事務者 | |
| 徵求場所 | | 名 稱 | |
| 電 話 | | 地 址 | |
| 委託書交付方式 | | 電 話 | |
| 聲明 | 本人徵求取得委託書，將依股東委託出席股東會，如有違反，依民法委任有關規定負損害賠償之責。 | | |
| 對各項議案之意見 | （一）年度決算表冊承認案：1.□承認 2.□反對 3.□棄權 反對理由：<br>（二）年度盈餘分派案： 1.□承認 2.□反對 3.□棄權 反對理由：<br>（三）年度增資案： 1.□贊成 2.□反對 3.□棄權 反對理由：<br>（四）修改章程案： 1.□贊成 2.□反對 3.□棄權 反對理由：<br>（五）選任董事、監察人事項： | | |
| | 與議案有自身利害關係之說明： | | |

| 徵求委託書之目的： | | | | |
|---|---|---|---|---|
| 本人（徵求人）與所擬支持之董監事被選舉人間有（無）證券交易法施行細則第2條所定「利用他人名義持有股票」之情事： | | | | |
| 徵求人之自有持股 □全部支持 □部分支持 □全部不支持 徵求委託書書面及廣告內容記載之被選舉人（請擇一勾選） | | | | |
| 擬支持董監事被選舉人之資料 | 姓名或名稱 | | 學　歷 | |
| | 股東戶號 | | 最近3年之主要經歷 | |
| | 持有股數 | | 與召開股東會公司業務往來內容 | |
| | 現　職 | | | |
| | 董事被選舉人之經營理念（以二百字為限） | | | |

# 附件五 徵求人擬刊登之書面及廣告內容定稿（依據「委託書規則」第7條第1項規定）

## 徵求委託書之書面及廣告（信託事業、股務代理機構使用）

| 召開股東會公司 | | 股東會日期 | |
|---|---|---|---|
| 徵求人（信託事業、股務代理機構名稱） | | | |
| 第6條委任股東資料 | 戶　名 | | 徵求人所委託代為處理徵求事務者 | |
| | 戶　號 | | 名　稱 | |
| | 統一編號 | | 電　話 | |
| | 持有股數 | | 地　址 | |
| | 持股設質與以信用交易融資買進情形 | | | |
| 徵求場所 | | | | |
| 電　話 | | | | |
| 委託書交付方式 | | | | |
| 聲　明 | | 本信託事業、股務代理機構徵求取得委託書，將依股東委託出席股東會，如有違反，依民法委任有關規定負損害賠償之責。 | | |
| 對各項議案之意見 | （一）年度決算表冊承認案　1.□承認 2.□反對 3.□棄權 反對理由：<br>（二）年度盈餘分派案：　　1.□承認 2.□反對 3.□棄權 反對理由：<br>（三）年度增資案　　　　　1.□贊成 2.□反對 3.□棄權 反對理由：<br>（四）修改章程案：　　　　1.□贊成 2.□反對 3.□棄權 反對理由：<br>（五）選任董事、監察人事項： | | | |
| | 與議案有自身利害關係之說明： | | | |

| 徵求委託書之目的： | | | | | |
|---|---|---|---|---|---|
| 委任人與所擬支持之董監事被選舉人間有（無）證券交易法施行細則第2條所定「利用他人名義持有股票」之情事： | | | | | |
| 委任股東之自有持股合計 □全部支持 □部分支持 □全部不支持 徵求委託書書面及廣告內容記載之被選舉人（請擇一勾選） | | | | | |
| 擬支持董監事被選舉人之資料 | 姓名或名稱 | | 學 歷 | | |
| | 股東戶號 | | 最近3年之主要經歷 | | |
| | 持有股數 | | 與召開股東會公司業務往來內容 | | |
| | 現 職 | | | | |
| | 董事被選舉人之經營理念（以二百字為限） | | | | |

# 附件六 徵求人徵求資料彙總表冊（依據「委託書規則」第7條第1項規定）

## (一) 股份有限公司 年度股東常（臨時）會委託書徵求人徵求資料彙總表冊

股東會日期　　年　　月　　日

| 徵求人 | | | |
|---|---|---|---|
| 徵求人資料 | (1)戶號：<br>(2)持有股數：<br>(3)持股設質與以信用交易<br>　融資買進情形 | | |
| 法人徵求人之<br>負責人資料 | (1)姓名：<br>(2)持有股數：<br>(3)持股設質與以信用交易<br>　融資買進情形 | | |
| 委任股東資料 | (1)姓名或名稱：<br>(2)戶號：<br>(3)持有股數：<br>(4)持股設質與以信用交易<br>　融資買進情形 | | |
| 徵求場所 | | | |
| 電話 | | | |
| 所委託代為處理徵求<br>事務者名稱、電話、<br>地址 | | | |
| 對各項議案之意見 | 一、年度決算表冊承認案：<br>□1承認 □2反對 □3棄權<br>二、年度盈餘分派案：<br>□1承認 □2反對 □3棄權<br>三、增資案：<br>□1贊成 □2反對 □3棄權<br>四、修改章程案：<br>□1贊成 □2反對 □3棄權 | | |

| 與議案有利害關係之說明 | | | |
|---|---|---|---|
| 第5條徵求人或第6條第1項之委任股東，其自有持股是否支持徵求委託書書面及廣告內容記載之被選舉人 | □全部支持<br>□部分支持<br>□全部不支持 | □全部支持<br>□部分支持<br>□全部不支持 | □全部支持<br>□部分支持<br>□全部不支持 |
| 備註 | 1. 徵求委託書之目的：<br>2. 徵求人（或規則第6條委託信託事業之股東）與所擬支持之董監事被選舉人間無證券交易法施行細則第2條所定利用他人名義持有股票之情事：<br>3. 徵求取得委託書將依股東委託出席股東會之聲明：<br>4. 其他： | | |

註：1.本彙總表冊如以電子檔案傳送至證基會，應依規則第7條第4項於股東會召集通知書上載明傳送之日期、證基會之網址及上網查詢之基本操作說明（該操作說明請於每次股東會前洽詢證基會有無變動，並據以更新）。

2.本彙總表冊如以日報公告，應依規則第7條第4項於股東會召集通知書上載明公告之日期及報紙名稱。

3.依委託書規則第6條第1項規定由股東委託信託事業或股務代理機構擔任徵求人者，須填列委任股東之資料。

## 附件七　徵求人彙總名單（依據「委託書規則」第7條第3項規定）

**股份有限公司　年度股東常（臨時）會委託書徵求人彙總名單**

股東常（臨時）會日期　　年　　月　　日

| 序號 | 徵求人 | 委任股東 | 擬支持董事、監察人被選舉人名單 | 董事被選舉人之經營理念（以二百字為限） | 徵求場所名稱或所委託代為處理徵求事務者名稱（請簡明扼要記載，無須逐一列舉） |
|---|---|---|---|---|---|
|  |  |  |  |  |  |
|  |  |  |  |  |  |
|  |  |  |  |  |  |

註：1.以上資料係屬彙總資料，股東如須查詢詳細資料請參照本開會通知書上載明公告日報或證基會網站（http://free.sfi.org.tw/）查詢。

　　2.依委託書規則第6條第1項規定由股東委託信託事業或股務代理機構擔任徵求人者，須填列委任股東之姓名或名稱。

## 附件八　徵求人徵得之委託書明細資料（依據「委託書規則」第12條規定）

### 徵得之委託書明細表（一般法人、個人使用）

| 受文者 | 股份有限公司 | | 發文日期 | 年 月 日 |
|---|---|---|---|---|
| 主　旨 | 茲依「公開發行公司出席股東會使用委託書規則」第12條規定，申報本人接受如後附明細表所列股東委託，代理出席　　股份有限公司　年　月　日股東常（臨時）會，並聲明委託書係由委託人親自填寫徵求人之姓名並簽名或蓋章，請　查照。 | | | |
| 公開發行公司之基本資料 | | | | |
| 公司名稱 | | 已發行股份總數之千分之二（股東會無改選董監事者免填） | | |
| 已發行股份總數 | | 已發行股份總數之百分之三 | | |
| 徵求人之基本資料 | | | | |
| 戶　　名 | | 戶號 | 身分證字號或統一編號 | |
| 持有股數 | | | 徵得股數 | |
| 徵求人簽名或蓋章：<br>聯絡地址：<br>聯絡電話： | | | | |

附註：本函應以長29.7公分、寬21公分用紙（即影印用紙A4）印製。明細表並應標明頁數、裝訂成冊。

## 附件九 徵求人徵得之委託書明細資料（依據「委託書規則」第12條規定）

### 徵得之委託書明細表（信託事業、股務代理機構受託擔任徵求人時使用）

| 受文者 | 股份有限公司 | 發文日期 | 年月日 |
|---|---|---|---|
| 主　　旨 | 茲依「公開發行公司出席股東會使用委託書規則」第12條規定，申報本人接受如後附明細表所列股東委託，代理出席　　股份有限公司　　年　　月　　日股東常（臨時）會，請　查照。 | | |

| 公開發行公司之基本資料 | | 徵求人之基本資料 | | 第6條委託股東之基本資料 | |
|---|---|---|---|---|---|
| 公司名稱 | | 公司名稱 | | 戶名及戶號 | |
| 開會日期 | | 統一編號 | | 身分證或統一編號 | |
| 已發行股份總數 | | 徵得股數 | | 持有股數 | |
| 已發行股份總數百分之十 | | | | | |
| 已發行股份總數百分之八 | | | | | |

| 徵求人章戳：<br>聯絡電話：<br>聯絡地址： |
|---|

附註：本函應以長29.7公分、寬21公分用紙（即影印用紙A4）印製。明細表並應標明頁數、裝訂成冊。

## 附件十　公司彙整徵求人及非屬徵求受託代理人徵得及受託代理出席股東會明細資料（依據「委託書規則」第12條及第13條規定）

| 受文者 | 財團法人中華民國證券暨期貨市場發展基金會 | 發文日期 | 年　月　日 |
|---|---|---|---|
| 主　旨 | 茲依「公開發行公司出席股東會使用委託書規則」第12條及第13條規定，申報本公司股東會徵求人及非屬徵求受託代理人徵得及受託代理出席股東會之股數統計表如附件，請　查照。 | | |

| 公開發行公司之基本資料 | | | |
|---|---|---|---|
| 公司名稱 | | | |
| 開會日期 | | | |
| 已發行股份總數 | | | |

| 徵求及受託代理情形 | | | |
|---|---|---|---|
| 類　　別 | 徵求人及非屬徵求人數 | 徵得及受託股數 | 占已發行股份總數百分比 |
| 徵　　求 | | | |
| 非屬徵求之受託代理 | | | |
| 合　　計 | | | |

公司章戳：
聯絡地址：
聯絡電話：

　　　年　　月　　　日股東常（臨時）會徵求委託書徵得股數統計表
　　　　　　（本統計表應於股東會當日於會場揭示）

頁次：

| 徵求人戶號 | 徵求人戶名 | 委託人數 | 徵得股數 |
|---|---|---|---|
|  |  |  |  |
|  |  |  |  |
|  |  |  |  |
|  |  |  |  |
|  |  |  |  |
| 小　　計 |  | 人 | 股 |
| 累　　計 |  | 人 | 股 |

（註：委託人明細表請留存公司，以供日後查核）

公司章戳：

　　　年　　月　　　日股東常（臨時）會非屬徵求委託書受託代理股數統計表
　　　　　　（本統計表應於股東會當日於會場揭示）

頁次：

| 受託代理人戶號 | 受託代理人戶名 | 受託代理人持有股數 | 受託代理人持有股數之4倍 | 委託人數 | 受託股數 |
|---|---|---|---|---|---|
|  |  |  |  |  |  |
|  |  |  |  |  |  |
|  |  |  |  |  |  |
|  |  |  |  |  |  |
|  |  |  |  |  |  |
| 小　　計 |  |  |  | 人 | 股 |
| 累　　計 |  |  |  | 人 | 股 |

（註：受託人聲明書及委託人明細表請留存公司，以供日後查核）

公司章戳：

# 附件十一　非屬徵求受託代理人之聲明書及受託代理出席股東會委託書之明細資料（依據「委託書規則」第13條第1項規定）

## 聲明書

| 受　文　者 | 股份有限公司 | 發文日期 | 年　月　日 |
|---|---|---|---|
| 主　　旨 | 茲依「公開發行公司出席股東會使用委託書規則」第13條規定，申報本人接受如後附明細表所列股東委託，代理出席　　股份有限公司　年　月　日股東常（臨時）會，並聲明所受託代理之委託書均爲股東主動委託，非爲本人或他人徵求而取得，請　查照。 | | |
| 公開發行公司之基本資料 | | | |
| 公司名稱 | | 已發行股份總數之百分之三 | |
| 已發行股份總數 | | | |
| 受託代理人之基本資料 | | | |
| 戶　　名 | | 持有股數之4倍 | |
| 戶　　號 | | | |
| 持有股數 | | 代理股數 | |
| 身分證字號或統一編號 | | 代理人數 | |
| 受託代理人簽名或蓋章：<br>聯絡電話：<br>聯絡地址： | | | |

附註：本函應以長29.7公分、寬21公分用紙（原影印用紙A4）印製。明細表並應標明頁數、裝訂成冊。

## 附件十二 股務代理機構依股東委託代理出席股東會之委託明細及代為行使表決權之情形資料（依據「委託書規則」第14條第3項規定）

### (一) 委託人明細表

年　　月　　日　　　　　　頁次：

| 委託人戶號 | 委託人戶名 | 委託股數 |
|---|---|---|
|  |  |  |
|  |  |  |
|  |  |  |
|  |  |  |
|  |  |  |
| 小　　計 | 人 | 股 |
| 累　　計 | 人 | 股 |

## (二) 各項議案代為行使表決權之彙總表

年　　　月　　　日　　　　　　　頁次：

| 議　案 | 承認或贊成 | | 反對 | | 棄權 | | 合計 | 備註 |
|---|---|---|---|---|---|---|---|---|
| （一）年度決算表冊承認案 | | | | | | | 權 | |
| （二）年度盈餘分派案 | | | | | | | 權 | |
| （三）增資案 | | | | | | | 權 | |
| （四）修改章程案 | | | | | | | 權 | |

單位：權數

## 附錄二　「○○股份有限公司股東會議事規則」參考範例

民國109年6月3日修正

**第1條**

爲建立本公司良好股東會治理制度、健全監督功能及強化管理機能，爰依上市上櫃公司治理實務守則第五條規定訂定本規則，以資遵循。

**第2條**

本公司股東會之議事規則，除法令或章程另有規定者外，應依本規則之規定。

**第3條**

本公司股東會除法令另有規定外，由董事會召集之。

本公司應於股東常會開會三十日前或股東臨時會開會十五日前，將股東會開會通知書、委託書用紙、有關承認案、討論案、選任或解任董事、監察人事項等各項議案之案由及說明資料製作成電子檔案傳送至公開資訊觀測站。並於股東常會開會二十一日前或股東臨時會開會十五日前，將股東會議事手冊及會議補充資料，製作電子檔案傳送至公開資訊觀測站。股東會開會十五日前，備妥當次股東會議事手冊及會議補充資料，供股東隨時索閱，並陳列於本公司及本公司所委任之專業股務代理機構，且應於股東會現場發放。

通知及公告應載明召集事由；其通知經相對人同意者，得以電子方式爲之。

選任或解任董事、監察人、變更章程、減資、申請停止公開發行、董事競業許可、盈餘轉增資、公積轉增資、公司解散、合併、分割或公

司法第一百八十五條第一項各款之事項、證券交易法第二十六條之一、第四十三條之六、發行人募集與發行有價證券處理準則第五十六條之一及第六十條之二之事項，應在召集事由中列舉並說明其主要內容，不得以臨時動議提出；其主要內容得置於證券主管機關或公司指定之網站，並應將其網址載明於通知。

股東會召集事由已載明全面改選董事、監察人，並載明就任日期，該次股東會改選完成後，同次會議不得再以臨時動議或其他方式變更其就任日期。

持有已發行股份總數百分之一以上股份之股東，得向本公司提出股東常會議案，以一項為限，提案超過一項者，均不列入議案。另股東所提議案有公司法第一百七十二條之一第四項各款情形之一，董事會得不列為議案。股東得提出為敦促公司增進公共利益或善盡社會責任之建議性提案，程序上應依公司法第一百七十二條之一之相關規定以一項為限，提案超過一項者，均不列入議案。

公司應於股東常會召開前之停止股票過戶日前，公告受理股東之提案、書面或電子受理方式、受理處所及受理期間；其受理期間不得少於十日。

股東所提議案以三百字為限，超過三百字者，該提案不予列入議案；提案股東應親自或委託他人出席股東常會，並參與該項議案討論。

公司應於股東會召集通知日前，將處理結果通知提案股東，並將合於本條規定之議案列於開會通知。對於未列入議案之股東提案，董事會應於股東會說明未列入之理由。

### 第4條

股東得於每次股東會，出具本公司印發之委託書，載明授權範圍，委託代理人，出席股東會。

一股東以出具一委託書，並以委託一人為限，應於股東會開會五日前

送達本公司，委託書有重複時，以最先送達者爲準。但聲明撤銷前委託者，不在此限。

委託書送達本公司後，股東欲親自出席股東會或欲以書面或電子方式行使表決權者，應於股東會開會二日前，以書面向本公司爲撤銷委託之通知；逾期撤銷者，以委託代理人出席行使之表決權爲準。

## 第5條

股東會召開之地點，應於本公司所在地或便利股東出席且適合股東會召開之地點爲之，會議開始時間不得早於上午九時或晚於下午三時，召開之地點及時間，應充分考量獨立董事之意見。

## 第6條

本公司應於開會通知書載明受理股東報到時間、報到處地點，及其他應注意事項。

前項受理股東報到時間至少應於會議開始前三十分鐘辦理之；報到處應有明確標示，並派適足適任人員辦理之。

股東本人或股東所委託之代理人（以下稱股東）應憑出席證、出席簽到卡或其他出席證件出席股東會，本公司對股東出席所憑依之證明文件不得任意增列要求提供其他證明文件；屬徵求委託書之徵求人並應攜帶身分證明文件，以備核對。

本公司應設簽名簿供出席股東簽到，或由出席股東繳交簽到卡以代簽到。

本公司應將議事手冊、年報、出席證、發言條、表決票及其他會議資料，交付予出席股東會之股東；有選舉董事、監察人者，應另附選舉票。

政府或法人爲股東時，出席股東會之代表人不限於一人。法人受託出席股東會時，僅得指派一人代表出席。

第7條

股東會如由董事會召集者，其主席由董事長擔任之，董事長請假或因故不能行使職權時，由副董事長代理之，無副董事長或副董事長亦請假或因故不能行使職權時，由董事長指定常務董事一人代理之；其未設常務董事者，指定董事一人代理之，董事長未指定代理人者，由常務董事或董事互推一人代理之。

前項主席係由常務董事或董事代理者，以任職六個月以上，並瞭解公司財務業務狀況之常務董事或董事擔任之。主席如爲法人董事之代表人者，亦同。

董事會所召集之股東會，董事長宜親自主持，且宜有董事會過半數之董事、至少一席監察人親自出席，及各類功能性委員會成員至少一人代表出席，並將出席情形記載於股東會議事錄。

股東會如由董事會以外之其他召集權人召集者，主席由該召集權人擔任之，召集權人有二人以上時，應互推一人擔任之。

本公司得指派所委任之律師、會計師或相關人員列席股東會。

第8條

本公司應於受理股東報到時起將股東報到過程、會議進行過程、投票計票過程全程連續不間斷錄音及錄影。

前項影音資料應至少保存一年。但經股東依公司法第一百八十九條提起訴訟者，應保存至訴訟終結爲止。

第9條

股東會之出席，應以股份爲計算基準。出席股數依簽名簿或繳交之簽到卡，加計以書面或電子方式行使表決權之股數計算之。

已屆開會時間，主席應即宣布開會，惟未有代表已發行股份總數過半數之股東出席時，主席得宣布延後開會，其延後次數以二次爲限，延

後時間合計不得超過一小時。延後二次仍不足有代表已發行股份總數三分之一以上股東出席時，由主席宣布流會。

前項延後二次仍不足額而有代表已發行股份總數三分之一以上股東出席時，得依公司法第一百七十五條第一項規定為假決議，並將假決議通知各股東於一個月內再行召集股東會。

於當次會議未結束前，如出席股東所代表股數達已發行股份總數過半數時，主席得將作成之假決議，依公司法第一百七十四條規定重新提請股東會表決。

### 第10條

股東會如由董事會召集者，其議程由董事會訂定之，相關議案（包括臨時動議及原議案修正）均應採逐案票決，會議應依排定之議程進行，非經股東會決議不得變更之。

股東會如由董事會以外之其他有召集權人召集者，準用前項之規定。

前二項排定之議程於議事（含臨時動議）未終結前，非經決議，主席不得逕行宣布散會；主席違反議事規則，宣布散會者，董事會其他成員應迅速協助出席股東依法定程序，以出席股東表決權過半數之同意推選一人擔任主席，繼續開會。

主席對於議案及股東所提之修正案或臨時動議，應給予充分說明及討論之機會，認為已達可付表決之程度時，得宣布停止討論，提付表決，並安排適足之投票時間。

### 第11條

出席股東發言前，須先填具發言條載明發言要旨、股東戶號（或出席證編號）及戶名，由主席定其發言順序。

出席股東僅提發言條而未發言者，視為未發言。發言內容與發言條記載不符者，以發言內容為準。

同一議案每一股東發言,非經主席之同意不得超過兩次,每次不得超過五分鐘,惟股東發言違反規定或超出議題範圍者,主席得制止其發言。

出席股東發言時,其他股東除經徵得主席及發言股東同意外,不得發言干擾,違反者主席應予制止。

法人股東指派二人以上之代表出席股東會時,同一議案僅得推由一人發言。

出席股東發言後,主席得親自或指定相關人員答覆。

第12條

股東會之表決,應以股份為計算基準。

股東會之決議,對無表決權股東之股份數,不算入已發行股份之總數。

股東對於會議之事項,有自身利害關係致有害於本公司利益之虞時,不得加入表決,並不得代理他股東行使其表決權。

前項不得行使表決權之股份數,不算入已出席股東之表決權數。

除信託事業或經證券主管機關核准之股務代理機構外,一人同時受二人以上股東委託時,其代理之表決權不得超過已發行股份總數表決權之百分之三,超過時其超過之表決權,不予計算。

第13條

股東每股有一表決權;但受限制或公司法第一百七十九條第二項所列無表決權者,不在此限。

本公司召開股東會時,得採行以書面或電子方式行使其表決權;其以書面或電子方式行使表決權時,其行使方法應載明於股東會召集通知。以書面或電子方式行使表決權之股東,視為親自出席股東會。但就該次股東會之臨時動議及原議案之修正,視為棄權,故本公司宜避

免提出臨時動議及原議案之修正。

前項以書面或電子方式行使表決權者,其意思表示應於股東會開會二
日前送達公司,意思表示有重複時,以最先送達者爲準。但聲明撤銷
前意思表示者,不在此限。

股東以書面或電子方式行使表決權後,如欲親自出席股東會者,應於
股東會開會二日前以與行使表決權相同之方式撤銷前項行使表決權之
意思表示;逾期撤銷者,以書面或電子方式行使之表決權爲準。如以
書面或電子方式行使表決權並以委託書委託代理人出席股東會者,以
委託代理人出席行使之表決權爲準。

議案之表決,除公司法及本公司章程另有規定外,以出席股東表決權
過半數之同意通過之。表決時,應逐案由主席或其指定人員宣佈出席
股東之表決權總數後,由股東逐案進行投票表決,並於股東會召開後
當日,將股東同意、反對及棄權之結果輸入公開資訊觀測站。

同一議案有修正案或替代案時,由主席併同原案定其表決之順序。如
其中一案已獲通過時,其他議案即視爲否決,勿庸再行表決。

議案表決之監票及計票人員,由主席指定之,但監票人員應具有股東
身分。

股東會表決或選舉議案之計票作業應於股東會場內公開處爲之,且應
於計票完成後,當場宣布表決結果,包含統計之權數,並作成紀錄。

## 第14條

股東會有選舉董事、監察人時,應依本公司所訂相關選任規範辦理,
並應當場宣布選舉結果,包含當選董事、監察人之名單與其當選權
數。

前項選舉事項之選舉票,應由監票員密封簽字後,妥善保管,並至少
保存一年。但經股東依公司法第一百八十九條提起訴訟者,應保存至
訴訟終結爲止。

第15條

股東會之議決事項，應作成議事錄，由主席簽名或蓋章，並於會後二十日內，將議事錄分發各股東。議事錄之製作及分發，得以電子方式為之。

前項議事錄之分發，本公司得以輸入公開資訊觀測站之公告方式為之。

議事錄應確實依會議之年、月、日、場所、主席姓名、決議方法、議事經過之要領及表決結果（包含統計之權數）記載之，有選舉董事、監察人時，應揭露每位候選人之得票權數。在本公司存續期間，應永久保存。

第16條

徵求人徵得之股數及受託代理人代理之股數，本公司應於股東會開會當日，依規定格式編造之統計表，於股東會場內為明確之揭示。

股東會決議事項，如有屬法令規定、臺灣證券交易所股份有限公司（財團法人中華民國證券櫃檯買賣中心）規定之重大訊息者，本公司應於規定時間內，將內容傳輸至公開資訊觀測站。

第17條

辦理股東會之會務人員應佩帶識別證或臂章。

主席得指揮糾察員或保全人員協助維持會場秩序。糾察員或保全人員在場協助維持秩序時，應佩戴「糾察員」字樣臂章或識別證。

會場備有擴音設備者，股東非以本公司配置之設備發言時，主席得制止之。

股東違反議事規則不服從主席糾正，妨礙會議之進行經制止不從者，得由主席指揮糾察員或保全人員請其離開會場。

**第18條**

會議進行時,主席得酌定時間宣布休息,發生不可抗拒之情事時,主席得裁定暫時停止會議,並視情況宣布續行開會之時間。

股東會排定之議程於議事(含臨時動議)未終結前,開會之場地屆時未能繼續使用,得由股東會決議另覓場地繼續開會。

股東會得依公司法第一百八十二條之規定,決議在五日內延期或續行集會。

**第19條**

本規則經股東會通過後施行,修正時亦同。

## 附錄三　臺灣集中保管結算所股份有限公司電子投票平台作業要點

民國109年4月14日修正

### 第一章　總則

**第1條**

為使發行人召開會議時，該會議之有表決權人得以網際網路方式行使表決權（以下稱電子投票），本公司特建置「電子投票平台」（以下稱本平台），並訂定本要點。

**第2條**

本平台採網際網路連線，提供一般表決權人、保管機構、證券投資信託事業（以下稱投信公司）、信託業、非依第十二條委託保管機構代理投票之境外華僑及外國人（以下稱非委託代理投票之僑外投資人）、發行人等使用者，以第四條或第十條所定之身分識別方式登入使用電子投票相關事項。

**第3條**

發行人使用本平台辦理電子投票事務，須與本公司簽訂契約，並填具基本資料表，簽蓋原留印鑑，向本公司指定其使用於本平台之電子憑證。

發行人及其他依法有召集會議權利之人（以下稱其他召集權人），於各次會議欲使用電子投票時，應依第七條規定向本公司申請。

代辦機構受委任辦理電子投票事務者，應填具申請書並簽蓋原留印鑑，向本公司指定其使用於本平台之電子憑證。

## 第4條

使用者使用本平台，採電子憑證之身分識別方式登入者，應依本平台公告有效之下列任一電子憑證辦理登入：

一、證券商網路下單憑證。

二、網路銀行憑證。

三、證券暨期貨共用憑證。

四、自然人憑證。

五、工商憑證。

六、其他經本平台公告之電子憑證。

一般表決權人使用本平台，得另透過智慧型行動裝置，使用本公司集保e存摺之身分識別方式登入。

非委託代理投票之僑外投資人無法依前二項方式登入本平台者，得依下列程序取得本平台之身分認證碼辦理登入：

一、於會議召開五日前，填具申請書，留存電子郵件信箱並簽名或簽蓋原留印鑑，向發行人或其代辦機構申請；申請撤銷時，亦同。發行人或其代辦機構就上開申請書，應永久保存。

二、發行人或其代辦機構審核無誤後，將相關資料輸入本平台；身分認證碼於未撤銷前持續有效。

## 第5條

有表決權人為電子投票者，視為親自出席會議。但就該次會議之臨時動議及原議案之修正，視為棄權。

## 第6條

有表決權人為電子投票時，其意思表示於會議召集通知載明之投票期間送達本平台者，即為送達發行人。

有表決權人於本平台行使電子投票後，欲親自出席會議者，應於會議

開會二日前，於本平台撤銷原電子投票；逾期撤銷者，以電子方式行使之表決權為準。

## 第二章　申請作業

### 第7條

發行人向本公司申請使用本平台，發行人或其代辦機構須於當次會議投票起始日七日前，以其指定使用於本平台之電子憑證，將會議日期、電子投票期間及議案案由等相關資料輸入本平台。

其他召集權人向本公司申請使用本平台，須於當次會議投票起始日十日前，填具申請書並簽蓋其與委任代辦機構間契約書相同式樣之簽章後，委由代辦機構於會議投票起始日七日前，以其指定使用於本平台之電子憑證，將會議日期、電子投票期間及議案案由等相關資料輸入本平台。

前二項發行人及其他召集權人輸入之資料，如需變更，須於會議投票起始日四日前通知本公司後辦理變更。

### 第8條

發行人及其他召集權人須於會議投票起始日七日前，將有表決權人資料依本公司規定檔案格式及方式交付本公司。

發行人及其他召集權人就有表決權人主張分別行使表決權者，應通知本公司。

發行人及其他召集權人應將申請身分認證碼之有表決權人相關資訊通知本公司，由本公司辦理該次會議初始密碼發送作業。

### 第9條

發行人有延長採電子方式之有表決權人投票期限之必要者，應於「公

開資訊觀測站」公告，並於會議開會三日前（遇假日爲前一營業日）
具函檢附公告資料向本公司申請，延長投票時間以一日爲限。

## 第10條
保管機構、投信公司及信託業等機構代理或代表有表決權人於本平台
爲電子投票時，須塡具申請書，簽蓋原留印鑑，向本公司申請，指定
使用於本平台之電子憑證。

## 第三章　投票作業

### 第11條
一般表決權人、非委託代理投票之僑外投資人於本平台爲電子投票
時，得使用第四條之身分識別方式登入，經本平台確認身分無誤後，
使用本平台進行會議議案或選舉案之電子投票作業，修改或撤銷時亦
同。
有表決權人於本平台修改其已爲之電子投票意思表示時，即視爲撤銷
前意思表示，並以修改後之意思表示爲準。

### 第12條
保管機構、投信公司及信託業等機構代理或代表有表決權人於本平台
爲電子投票時，須使用第十條指定之電子憑證登入本平台，經確認身
分無誤後，以線上逐筆或整批傳檔方式，完成投票作業。

## 第四章　查詢作業

### 第13條
發行人得於本平台查詢及下載電子投票期間每日電子投票之明細及統
計結果等相關資料。

### 第14條

一般表決權人、非委託代理投票之僑外投資人於會議投票起始日至會議後三十日內,得於本平台查閱其表決權之行使情形。

### 第15條

保管機構、投信公司及信託業等機構得自會議投票起始日至開會日後一年內,查詢其於本平台為電子投票之明細資料,並得自會議後一年內,下載其電子投票紀錄。

## 第五章　附則

### 第16條

境外華僑及外國人變更受託保管機構時,變更後之保管機構須於原保管機構刪除本平台之代理投票資料後,始得辦理新增。該等保管機構並須分別通知發行人;有其他召集權人召開會議時,該等保管機構另須通知該召集權人。

### 第17條

發行人或其他召集權人輸入本平台之資料、交付之有表決權人資料(含分別行使表決權資料及申請身分認證碼之有表決權人相關資訊)及使用者之投票紀錄等,本公司均至少保存一年。但會議經有表決權人依法提起訴訟者,保存至訴訟終結為止。

前項有表決權人資料係以媒體方式交付者,本公司保存該媒體至會議後三個月,但會議經有表決權人依法提起訴訟者,保存至訴訟終結為止。本公司銷毀該媒體時,發行人或召集權人得派員會同辦理。

**第18條**

發行人及其他召集權人各次使用本平台，須依申請時本公司收費標準，按時繳納費用。

**第19條**

本要點未盡事項，悉依本公司電子投票作業手冊暨其他相關規定辦理。

# 附錄四　電子投票相關法令

## 公司法

### 第177條之1

公司召開股東會時，採行書面或電子方式行使表決權者，其行使方法應載明於股東會召集通知。但公開發行股票之公司，符合證券主管機關依公司規模、股東人數與結構及其他必要情況所定之條件者，應將電子方式列為表決權行使方式之一。

前項以書面或電子方式行使表決權之股東，視為親自出席股東會。但就該次股東會之臨時動議及原議案之修正，視為棄權。

### 第177條之2

股東以書面或電子方式行使表決權者，其意思表示應於股東會開會二日前送達公司，意思表示有重複時，以最先送達者為準。但聲明撤銷前意思表示者，不在此限。

股東以書面或電子方式行使表決權後，欲親自出席股東會者，至遲應於股東會開會二日前，以與行使表決權相同之方式撤銷前項行使表決權之意思表示；逾期撤銷者，以書面或電子方式行使之表決權為準。

股東以書面或電子方式行使表決權，並以委託書委託代理人出席股東會者，以委託代理人出席行使之表決權為準。

### 第181條

政府或法人為股東時，其代表人不限於一人。但其表決權之行使，仍以其所持有之股份綜合計算。

前項之代表人有二人以上時，其代表人行使表決權應共同為之。

公開發行公司之股東係為他人持有股份時，股東得主張分別行使表決

權。

前項分別行使表決權之資格條件、適用範圍、行使 方式、作業程序及其他應遵行事項之辦法，由證券主管機關定之。

## 公開發行股票公司股務處理準則

### 第44條之1

公司股東會採電子方式行使表決權者，其電子投票相關事務應委外辦理。

前項受託辦理電子投票事務者以第三條第一項或第二項規定之代辦股務機構或公司，或證券集中保管事業為限，並應符合下列規定：

一、設有三人以上專任之資訊專業人員。

二、電子投票平台應具備股東行使表決權身分識別及安全機制，並應取得資訊安全管理國際標準之認證證明文件。

三、電子投票平台應具備同地、異地備援機制。

受託辦理電子投票事務者應檢具前項相關資格證明文件報本會備查後，始得辦理電子投票相關事務。

本準則中華民國一百零二年四月十一日修正發布前已受託辦理電子投票事務者，應於本準則修正發布後六個月內依前項規定報本會備查，屆期未完成備查者，不得受託辦理電子投票事務。

受託辦理電子投票事務者每年應將符合第二項第二款規定之資訊安全管理國際標準認證之稽核結果報本會備查。

受託辦理電子投票事務者不得同時受託辦理股務事務或擔任股東會委託書徵求人、受託代理人或代為處理徵求事務者。

### 第44條之2

公司股東會採行書面或電子方式行使表決權者，其所製作之書面及電

子方式行使表決權之內容，應記載下列事項：

一、公司名稱。

二、股東戶號。

三、股東戶名。

四、股東持股數。

五、各議案內容。

六、有董事或監察人之選任者，其相關事項。

七、其他主管機關規定之事項。

### 第44條之4

股東以書面或電子方式行使表決權者，應依公司製作之書面或電子格式，對各項議案為意思表示；未為意思表示者，該議案視為棄權。

### 第44條之5

公司或其代辦股務機構應於股東會開會當日，將股東以書面或電子方式出席之股數彙整編造統計表，並於股東會開會場所為明確之揭示。

### 第44條之6

公司股東會採行以書面或電子方式行使表決權者，於股東會開會前應經公司之代辦股務機構、其他代辦股務機構或第三條第二項之公司予以統計驗證。但公司自辦股務者，得由公司自行辦理統計驗證事務。

辦理前項統計驗證事務者，其內部控制制度應包括書面及電子方式行使表決權之統計驗證程序；股東以書面方式行使表決權者，應就該書面是否為公司印製、股東是否簽名或蓋章予以驗證。

第一項項統計驗證之程序及結果應作成書面紀錄，由承辦人及主管簽章，備供查核。

**第44條之7**

股東以書面或電子方式行使表決權者，得於股東會後七日內，向公司或其代辦股務機構查閱其表決權之行使情形。

**第44條之8**

股東以書面或電子方式行使表決權之相關書面及媒體資料，應由公司至少保存一年。但經股東依公司法提起訴訟者，應保存至訴訟終結爲止。

## 「公司應採電子投票之適用範圍」

**金融監督管理委員會　102年11月8日 金管證交字第1020044212號令**

據公司法第177條之1規定，實收資本額達新臺幣五十億元以上，且前次停止過戶日股東名簿記載股東人數達一萬人以上之上市（櫃）公司召開股東會時，103年起應將電子方式列爲表決權行使管道之一。

**金融監督管理委員會　103年11月12日金管證交字第1030044333號令**

依據公司法第177條之1規定，實收資本額達新臺幣二十億元以上，且前次停止過戶日股東名簿記載股東人數達一萬人以上之上市（櫃）公司召開股東會時，105年起應將電子方式列爲表決權行使管道之一。

**證交所104年1月6日「有價證券上市審查準則」**

**第2條之2**

自105年1月1日起股票新掛牌之上市公司，應於公司章程將電子方式列爲股東表決權行使管道之一。

**櫃買中心　104年1月19日「證券商營業處所買賣有價證券審查準則」第3條第1項第10款**

自105年1月1日起股票新掛牌之上櫃公司，應於公司章程將電子方式列為股東表決權行使管道之一。

國家圖書館出版品預行編目資料

公司法基礎理論——股東會篇／黃清溪著. --
二版. -- 臺北市：五南，2020.11
　　面；　公分
ISBN 978-986-522-092-1（平裝）

1.公司法

587.2531　　　　　　　　109015843

1UD4

# 公司法基礎理論——股東會篇

作　　者 — 黃清溪（290.7）

發 行 人 — 楊榮川

總 經 理 — 楊士清

總 編 輯 — 楊秀麗

副總編輯 — 劉靜芬

責任編輯 — 林佳瑩

封面設計 — 王麗娟

出 版 者 — 五南圖書出版股份有限公司

地　　址：106台北市大安區和平東路二段339號4樓

電　　話：(02)2705-5066　　傳　　真：(02)2706-6100

網　　址：https://www.wunan.com.tw

電子郵件：wunan@wunan.com.tw

劃撥帳號：01068953

戶　　名：五南圖書出版股份有限公司

法律顧問　林勝安律師事務所　林勝安律師

出版日期　2017年 8 月初版一刷
　　　　　2020年11月二版一刷

定　　價　新臺幣320元

# 經典永恆·名著常在

## 五十週年的獻禮——經典名著文庫

五南，五十年了，半個世紀，人生旅程的一大半，走過來了。

思索著，邁向百年的未來歷程，能為知識界、文化學術界作些什麼？

在速食文化的生態下，有什麼值得讓人雋永品味的？

歷代經典·當今名著，經過時間的洗禮，千錘百鍊，流傳至今，光芒耀人；

不僅使我們能領悟前人的智慧，同時也增深加廣我們思考的深度與視野。

我們決心投入巨資，有計畫的系統梳選，成立「經典名著文庫」，

希望收入古今中外思想性的、充滿睿智與獨見的經典、名著。

這是一項理想性的、永續性的巨大出版工程。

不在意讀者的眾寡，只考慮它的學術價值，力求完整展現先哲思想的軌跡；

為知識界開啟一片智慧之窗，營造一座百花綻放的世界文明公園，

任君邀遊、取菁吸蜜、嘉惠學子！